Maths on Target Year 6 provides a simple, manageable structure to all the objectives set out in the yearly programme in the renew Mathematics, each lesson clearly differentiated at three levels of abil.

In the renewed Framework the mathematics curriculum has been organised into seven strands.

- Using and applying mathematics
- Counting and understanding number
- Knowing and using number facts
- Calculating
- Understanding shape
- Measuring
- Handling data

For planning purposes the curriculum is structured around five blocks of work, each block drawing on three of the strands.

The five blocks are:
- Block A – Counting, partitioning and calculating
- Block B – Securing number facts, understanding shape
- Block C – Handling data and measures
- Block D – Calculating, measuring and understanding shape
- Block E – Securing number facts, relationships and calculating

Each block is further organised into three units of work. Each unit provides two or three weeks of learning. To ensure progression throughout the year the units are best taught in the following order.

	Block A	Block B	Block C	Block D	Block E
Term 1	Unit 1	Unit 1	Unit 1	Unit 1	Unit 1
Term 2	Unit 2	Unit 2	Unit 2	Unit 2	Unit 2
Term 3	Unit 3	Unit 3	Unit 3	Unit 3	Unit 3

The structure of **Maths on Target** matches that of the renewed Framework, with fifteen units arranged in the above order. Each unit in **Maths on Target** consists of lessons based upon the learning overview for that unit in the renewed Framework, with the learning intention for each lesson expressed as an *I can* statement.

All lessons in **Maths on Target** are divided into three sections, each providing material at a different level of ability. Section A: activities based upon work previously covered, generally matching the objectives for year 5 pupils.

Section B: activities based upon the objectives for Year 6 pupils. Most children should be able to work successfully at this level.

Section C: activities providing extension material for faster workers and those needing more challenging tasks.

MATHS ON TARGET – YEAR 6 ANSWERS

Page 2

A
1. 210, 206, 202, 198, 194, 190
2. 65, 69, 73, 77, 81, 85
3. $\frac{1}{2}, \frac{3}{4}, 1, 1\frac{1}{4}, 1\frac{1}{2}, 1\frac{3}{4}$
4. −60, −55, −50, −45, −40, −35
5. −1, −2, −3, −4, −5, −6
6. 0.6, 0.7, 0.8, 0.9, 1.0, 1.1
7. 201, 302, 403, 504, 605, 706
8. 2, 4, 8, 16, 32, 64
9. 425, 375, 325, 275, 225, 175
10. −3, −5, −7, −9, −11, −13
11. 0.01, 0.03, 0.05, 0.07, 0.09, 0.11
12. 3.5, 3.0, 2.5, 2.0, 1.5, 1.0
13. 5, $4\frac{1}{2}$, 4, $3\frac{1}{2}$, 3, $2\frac{1}{2}$
14. 1.25, 1.5, 1.75, 2.0, 2.25, 2.5
15. −18, −20, −22, −24, −26, −28

B
1. −4, −3, −2, −1, 0, 1, 2   Add 1
2. 1.2, 2.4, 3.6, 4.8, 6.0, 7.2, 8.4   Add 1.2
3. 3, $2\frac{2}{3}$, $2\frac{1}{3}$, 2, $1\frac{2}{3}$, $1\frac{1}{3}$, 1   Take $\frac{1}{3}$
4. −70, 30, 130, 230, 330, 430, 530   Add 100
5. 19, 38, 57, 76, 95, 114, 133   Add 19
6. 0.09, 0.18, 0.27, 0.36, 0.45, 0.54, 0.63   Add 0.09
7. −33, −23, −13, −3, 7, 17, 27   Add 10
8. $\frac{2}{9}, \frac{4}{9}, \frac{6}{9}, \frac{8}{9}, 1\frac{1}{9}, 1\frac{3}{9}, 1\frac{5}{9}$ Add $\frac{2}{9}$
9. 1, 4, 9, 16, 25, 36, 49   Square numbers
10. 100, 90, 81, 73, 66, 60, 55   Take 1 less
11. −8, −5, −2, 1, 4, 7, 10   Add 3
12. 5, 4, 2, −1, −5, −10, −16   Take 1 more
13. 4, 1, −2, −5, −8, −11, −14   Take 3
14. 2, 4, 8, 16, 32, 64, 128   Double
15. 290, 225, 170, 125, 90, 65, 50   Take 10 less
16. 1.3, 1.7, 2.1, 2.5, 2.9, 3.3, 3.7   Add 0.4

C
1. 0, 2, 4   Add 2
2. 10.5, 12.6, 14.7   Add 2.1
3. 5, 0, −5   Take 5
4. $5\frac{4}{5}$, 7, $8\frac{1}{5}$ Add $1\frac{1}{5}$
5. 1, 5, 9   Add 4
6. 11, 11.5, 12.1   Add 0.1 more
7. 81, 243, 729   Multiply by 3
8. −1, −5, −9   Take 4
9. 3, $3\frac{3}{5}$, $4\frac{1}{5}$ Add $\frac{3}{5}$
10. 121, 144, 169   Square numbers
11. 33, 65, 129   Difference doubles
12. 0.25, 0.3, 0.35   Add 0.05
13. 0, −0.25, −0.5   Take 0.25
14. $1\frac{6}{10}$, $3\frac{2}{10}$, $6\frac{4}{10}$ Double
15. 0, −0.75, −1.5   Take 0.75
16. −3, −1, 0   Add 1 less
17. 30, 42, 56   Add 2 more
18. 0.7, 0.85, 1.01   Add 0.01 more

Page 3

A
1. 130, 160
2. 210, 250
3. 38, 44
4. 50, 54
5. 5, 20
6. (a) Dylan   (b) Eddie   (c) Frank
   (d) 100%, 60%, 40%, 50%, 80%, 30%

B
1. 3500, 3800
2. 2000, 7000
3. −2.5, −1
4. 0.3, 0.6
5. −15, −5
6. (a) Wendy   (b) Estelle   (c) Jenny
7. 50%, 75%, 40%, $37\frac{1}{2}$%, 10%, 80%

C
1. 6500, 7500
2. 0.4, 1.2
3. −18, −4
4. 5.5, 6.25
5. −30, −5

Page 4

A
1. −7, −5, −3, −1, 1, 3, 5
2. 10, 7, 4, 1, −2, −5, −8
3. −13, −10, −7, −4, −1, 2, 5
4. −10, −6, −2, 2, 6, 10, 14
5. 6, 4, 2, 0, −2, −4, −6
6. 5, 3, 1, −1, −3, −5, −7
7. 9, 6, 3, 0, −3, −6, −9
8. 11, 7, 3, −1, −5, −9, −13
9. −8, −5, −3, 0, 4, 6
10. −10, −4, −1, 1, 3, 8
11. −7, −2, 0, 2, 4, 9
12. −6, −3, −1, 1, 3, 5
13. A −4°C   B −18°C   C 12°C
14. B
15. (a) 14°C   (b) 16°C   (c) 30°C
16. (a) −17°C   (b) 1°C   (c) −3°C
17. 5°C
18. −7°C

Page 5

B
1. A −52°C   B −26°C   C −4°C   D 12°C   E 28°C
2. (a) 16°C   (b) 22°C   (c) 32°C   (d) 38°C
3. (a) −28°C   (b) −6°C   (c) −40°C   (d) 10°C

4.
OLD	CHANGE	NEW
5°C	−9°C	−4°C
−3°C	+10°C	7°C
−19°C	+13°C	−6°C
9°C	−15°C	−6°C
−12°C	+8°C	−4°C
13°C	−16°C	−3°C

5.
OLD	CHANGE	NEW
−6°C	+8°C	2°C
4°C	−6°C	−2°C
−17°C	+4°C	−13°C
4°C	−8°C	−4°C
−8°C	+20°C	12°C
−5°C	−12°C	−17°C

6.
OLD	CHANGE	NEW
9°C	−13°C	−4°C
1°C	−12°C	−11°C
4°C	−9°C	−5°C
−5°C	+14°C	9°C
−3°C	−13°C	−16°C
6°C	−10°C	−4°C

C

1.
Country	January	July	Range
U.S.A.	−7°C	26°C	33°C
Greenland	−35°C	−1°C	34°C
Germany	−2°C	18°C	20°C
Japan	−9°C	21°C	30°C
Switzerland	−6°C	11°C	17°C
Iran	−3°C	37°C	40°C
China	−19°C	23°C	42°C
Poland	−5°C	15°C	20°C
Norway	−14°C	9°C	23°C
Korea	−22°C	20°C	42°C
Romania	−5°C	24°C	29°C
Russia	−40°C	18°C	58°C
Canada	−19°C	20°C	39°C
Sweden	−4°C	16°C	20°C

2. 126°C
3. −137°C
4. 427°C

Answers

Page 6

A

1 168	**2** 266	**3** 378	**4** 228	**5** 504	**6** 323
7 2.4	**8** 5.3	**9** 8.2	**10** 2.8	**11** 5.7	**12** 1.5
13 208	**14** 339	**15** 518	**16** 3006	**17** 3024	**18** 2012
19 84	**20** 120	**21** 153	**22** 13	**23** 12	**24** 15
25 99	**26** 118	**27** 163	**28** 4.6	**29** 8.9	**30** 7.9
31 800	**32** 1850	**33** 120	**34** 180	**35** 140	**36** 170
37 104	**38** 245	**39** 228	**40** 189	**41** 352	**42** 234
43 295	**44** 173	**45** 351	**46** 417	**47** 163	**48** 487

Page 7

B

1 5.4	**2** 6.6	**3** 4.2	**4** 8.9	**5** 2.6	**6** 7.8
7 432	**8** 511	**9** 672	**10** 48.3	**11** 77.4	**12** 45.6
13 9300	**14** 0.78	**15** 1.02	**16** 0.43	**17** 5200	**18** 0.49
19 816	**20** 588	**21** 1173	**22** 1386	**23** 1717	**24** 2178
25 390	**26** 495	**27** 725	**28** 875	**29** 504	**30** 304
31 214	**32** 557	**33** 363	**34** 2345	**35** 4045	**36** 5037
37 810	**38** 459	**39** 266	**40** 20	**41** 14	**42** 13
43 596	**44** 804	**45** 802	**46** 5.5	**47** 9.7	**48** 12.1

C

1 5324	**2** 3308	**3** 2535	**4** 4412	**5** 3536	**6** 5513
7 4900	**8** 5.44	**9** 0.88	**10** 10 400	**11** 32.11	**12** 1.02
13 55.8	**14** 32.2	**15** 25.5	**16** 94.5	**17** 97.5	**18** 108
19 58.1	**20** 77.6	**21** 62.1	**22** 2.76	**23** 6.72	**24** 4.69
25 43.2	**26** 72	**27** 25.2	**28** 2.3	**29** 2.3	**30** 0.22
31 40.3	**32** 100.3	**33** 50.4	**34** 60.7	**35** 40.3	**36** 81.1
37 656	**38** 708	**39** 507	**40** 854	**41** 1003	**42** 738
43 3.9	**44** 6.1	**45** 5.0	**46** 11.7	**47** 8.3	**48** 18.6

Page 8

A

1 290	**2** 640	**3** 70	**4** 370	**5** 3800	**6** 700
7 3500	**8** 1400	**9** 200	**10** 4200	**11** 5000	**12** 7000
13 13 000	**14** 6000	**15** 26 000	**16** 11	**17** 6	**18** 78
19 20	**20** 4	**21** 220	**22** 810	**23** 550	**24** 400
25 350	**26** 720	**27** 40	**28** 40		

B

1 (a) 60 000 (b) 60 100 **2** (a) 38 000 (b) 37 600
3 (a) 40 000 (b) 39 800 **4** (a) 45 000 (b) 44 700
5 (a) 76 000 (b) 75 600 **6** (a) 50 000 (b) 50 100
7 (a) 3 m (b) 3.3 m **8** (a) 9 m (b) 9.3 m
9 (a) 9 m (b) 8.6 m **10** (a) 12 m (b) 11.9 m
11 (a) 6 m (b) 6.1 m **12** (a) 3 m (b) 2.9 m
13 (a) 27 m (b) 27.5 m **14** (a) 16 m (b) 15.6 m
15 25 **16** 17 **17** 21 **18** 75 **19** 6 **20** 6

C

These answers are for guidance only.

1 100 or 1000	**2** million	**3** 10	**4** 100 000
5 100	**6** 10	**7** 10 000	**8** 100
9 10 000	**10** 10 000	**11** 10	**12** 1000

Page 9

A

1 17.2	**2** 27.2	**3** 13.8	**4** 34.5	**5** 31.5	**6** 29.4
7 11.2	**8** 29.1	**9** 32.4	**10** 60.0	**11** 44.1	**12** 41.4

B

1 147.9	**2** 194.4	**3** 593.6	**4** 430.5	**5** 48.06	**6** 44.85
7 37.84	**8** 30.8	**9** 173.6	**10** 762.4	**11** 151.2	**12** 392.4
13 4.23	**14** 66.16	**15** 29.19	**16** 27.65	**17** 23.28 litres	
18 50.8 kg					

C

1 189.78	**2** 62.35	**3** 178.14	**4** 515.07	**5** 585.34	**6** 373.68
7 11.780	**8** 65.547	**9** 34.118	**10** 73.984	**11** 40.506	**12** 68.715
13 1185.6 km					

Page 10

A

1 23 r 1	**2** 18 r 2	**3** 24 r 2	**4** 24 r 7	**5** 12 r 8	**6** 47 r 3
7 31 r 5	**8** 37 r 2	**9** 23 r 4	**10** 21 r 4	**11** 42 r 3	**12** 26 r 4
13 35 r 1	**14** 43 r 5	**15** 65 r 4	**16** 35 r 5		

B

1 8.4	**2** 3.7	**3** 7.7	**4** 5.3	**5** 8.7	**6** 4.8
7 6.3	**8** 7.6	**9** 4.3	**10** 7.6	**11** 8.5	**12** 5.4
13 6.7	**14** 4.3	**15** 4.4	**16** 8.4	**17** 12.8 kg	

C

1 16.6	**2** 6.5	**3** 33.5	**4** 3.8	**5** 10.5	**6** 25.5
7 18.8	**8** 19.5	**9** 44.5	**10** 25.4	**11** 73.5	**12** 57.5
13 73.2	**14** 17.5	**15** 16.5	**16** 32.5	**17** 1.68 m	**18** 6.25 kg
19 27.75 litres					

Page 11

A

1 63	**2** 45	**3** 2	**4** 8	**5** 9	**6** 3
7 69	**8** 45	**9** 32	**10** 2	**11** (56 − 8) × 2 = 96	
12 (27 ÷ 9) + 3 = 6		**13** (8 × 4) − 2 = 30		**14** 6 + (5 × 3) = 21	
15 60 − (50 ÷ 5) = 50		**16** (20 ÷ 4) × 4 = 20		**17** (6 × 8) + 4 = 52	
18 42 ÷ (8 − 1) = 6		**19** 26 − (9 + 3) = 14		**20** 80 ÷ (4 ÷ 2) = 40	

B

1 45	**2** 45	**3** 1.6	**4** 10	**5** 15.6	**6** 4
7 7	**8** 34	**9** 38	**10** 65		
11 (4.8 − 1.5) ÷ 3 = 1.1		**12** 7.2 ÷ (6 + 2) = 0.9			
13 (0.5 × 8) − 1.5 = 2.5		**14** 19 + (16 × 7) = 131			
15 4.7 − (1.2 + 0.9) = 2.6		**16** (504 ÷ 14) × 3 = 108			
17 (34 × 8) ÷ 5 = 54.4		**18** (9.3 − 5.9) × 2 = 6.8			
19 12 ÷ (5 ÷ 4) = 9.6		**20** 7 × (4.15 + 2.3) = 45.15			

C

1 6	**2** 10	**3** 12	**4** 3	**5** 500	**6** 24
7 25	**8** 5	**9** 3	**10** 27		
11 (19 × 5) − 2 = 3 × (14 + 17)		**12** 8 + (9 × 2) = (144 ÷ 6) + 2			
13 45 + (81 ÷ 9) = 6 + (16 × 3)		**14** (165 − 27) ÷ 3 = (2.5 × 20) − 4			
15 (3 × 44) − 12 = 960 ÷ (16 ÷ 2)		**16** 12 + (60 ÷ 8) = 0.75 + (1.25 × 15)			
17 6 × (50 − 15) = 60 + (600 ÷ 4)		**18** (90 ÷ 6) − 3 = 4.5 + (2.5 × 3)			
19 3 − (1.2 × 5) = (0.5 × 12) − 9		**20** 12 + (75 ÷ 3) = (3 × 13) − 2			

Page 12

A

1 6, 8	**2** 2, 11	**3** 7, 10	**4** 4, 12	**5** 7, 9	**6** 5, 25
7 8	**8** 11	**9** 19	**10** 14	**11** 20	**12** 16
13 6, 7	**14** 10, 11	**15** 14, 15	**16** 19, 20	**17** 17, 18	**18** 24, 25

B

1 67	**2** 96	**3** 13	**4** 121	**5** 34	**6** 67
7 45	**8** 29	**9** 72	**10** 98	**11** 23, 24	**12** 26, 27
13 28, 29	**14** 37, 38	**15** 41, 42	**16** 64, 65		
17 31					

C

1 225	**2** 23	**3** 231	**4** 333	**5** 31, 32	**6** 33, 34

Answers

7 43, 44   **8** 47, 48   **9** 52, 53   **10** 89, 90   **11** 5, 23   **12** 3, 37
13 7, 41   **14** 11, 13   **15** 5, 79   **16** 3, 67   **17** 11, 61   **18** 7, 89
19 17, 29   **20** 13, 73   **21** 23, 37   **22** 19, 53

Page 13

A

1 30   **2** 21   **3** 54   **4** 45   **5** 320   **6** 420
7 420   **8** 320   **9** 180   **10** 150   **11** 630   **12** 560
13 8   **14** 6   **15** 9   **16** 5   **17** 70   **18** 30
19 60   **20** 30   **21** 8   **22** 7   **23** 4   **24** 9

B

1 5.4   **2** 3.6   **3** 1.4   **4** 2.8   **5** 2.4   **6** 6.4
7 4.5   **8** 2.4   **9** 4.9   **10** 3.0   **11** 4.8   **12** 2.4
13 0.3   **14** 0.2   **15** 0.9   **16** 0.7   **17** 0.8   **18** 0.3
19 0.7   **20** 0.5   **21** 0.8   **22** 0.5   **23** 0.6   **24** 0.5
25 0.9   **26** 0.4   **27** 0.7   **28** 4   **29** 6   **30** 8
31 4.5   **32** 2.4   **33** 4.9   **34** 3.0   **35** 4.8   **36** 2.4

C

1 0.32   **2** 4.2   **3** 0.045   **4** 0.48   **5** 3.6   **6** 0.54
7 2.4   **8** 0.72   **9** 0.49   **10** 4.0   **11** 0.54   **12** 8.1
13 0.07   **14** 0.08   **15** 0.4   **16** 0.08   **17** 0.4   **18** 0.09
19 0.07   **20** 0.09   **21** 0.7   **22** 0.06   **23** 0.4   **24** 0.7
25 0.06   **26** 0.8   **27** 0.09   **28** 0.09   **29** 0.07   **30** 0.6
31 0.64   **32** 2.8   **33** 0.81   **34** 4.2   **35** 0.54   **36** 0.4

Page 14

A

1 $1^2 = 1 \times 1 = 1$ $7^2 = 7 \times 7 = 49$
     $2^2 = 2 \times 2 = 4$ $8^2 = 8 \times 8 = 64$
     $3^2 = 3 \times 3 = 9$ $9^2 = 9 \times 9 = 81$
     $4^2 = 4 \times 4 = 16$ $10^2 = 10 \times 10 = 100$
     $5^2 = 5 \times 5 = 25$ $11^2 = 11 \times 11 = 121$
     $6^2 = 6 \times 6 = 36$ $12^2 = 12 \times 12 = 144$

2 20   **3** 34   **4** 37   **5** 16   **6** 28   **7** 27
8 149   **9** 82   **10** 89   **11** 65   **12** 64   **13** 15

14

No.	Factors
16	1, 2, 4, 8, 16
25	1, 5, 25
36	1, 2, 3, 4, 6, 9, 12, 18, 36
49	1, 7, 49
64	1, 2, 4, 8, 16, 32, 64
81	1, 3, 9, 27, 81

B

1 1600   **2** 4900   **3** 400   **4** 8100   **5** 2500   **6** 6400
7 900   **8** 3600   **9** 10 000   **10** 14400   **11** 30   **12** 60
13 10   **14** 40   **15** 90   **16** 20   **17** 70   **18** 50
19 80   **20** 100   **21** 1, 2, 3, 5, 6, 10, 15, 30
22 1, 2, 4, 19, 38, 76   **23** 1, 11, 121   **24** 1, 2, 29, 58
25 1, 67   **26** 1, 2, 4, 5, 10, 20, 25, 50, 100   **27** 1, 2, 4, 23, 46, 92
28 1, 2, 3, 4, 6, 8, 9, 12, 16, 18, 24, 36, 48, 72, 144
29 They are all square numbers

C

1 4, 9   **2** 25, 100   **3** 25, 49   **4** 16, 81
5 49, 64   **6** 3600, 400   **7** 900, 6400   **8** 8100, 10 000
9 100, 4000   **10** 8100, 3600   **11** 4, 9   **12** 81, 100
13 64, 36   **14** 1, 9   **15** 100, 121   **16** 4900, 10 000
17 2500, 3600   **18** 100, 1600   **19** 1600, 3600   **20** 2500, 8100
21 e.g. One of the pairs of factors is the factor multiplied by itself.
22 The factors of all numbers other than square numbers are pairs of factors.

Page 15

A

1 7   **2** 17   **3** 23   **4** 31   **5** 47   **6** 59
7 67   **8** 73   **9** (a) 29   (b) 41
10 2, 3, 5, 7, 11, 13, 17, 19, 23, 29, 31, 37, 41, 43, 47

B

1 1, 21   **2** 40, 42   **3** 33, 63   **4** 57, 77   **5** 51, 81   **6** 77, 87
7 31   **8** 47   **9** 53   **10** 79   **11** 89   **12** 97
13 See A10 – also 53, 59, 61, 67, 71, 73, 79, 83, 89, 97
14 It is divisible by 2.

C

1 prime   **2** not prime (3 × 37)   **3** not prime (58 × 2)
4 prime   **5** not prime (19 × 7)   **6** prime   **7** not prime (17 × 9)
8 prime   **9** prime   **10** not prime (91 × 2)
11 37 × 2   **12** 29 × 3   **13** 13 × 7   **14** 23 × 5   **15** 13 × 11
16 13 × 13   **17** 17 × 11   **18** 17 × 17   **19** 19 × 13   **20** 29 × 23

Page 16

A

1 108   **2** 105   **3** 153   **4** 15   **5** 25   **6** 14
7 Always 00 or 50   **8** (a) No   (b) Yes   (c) Yes   (d) No
9 81, 85, 89, 93, 97   **10** 41, 46, 51, 56, 61
11 50, 41, 32, 23, 14   **12** 16, 32, 64, 128, 256

B

1 360   **2** 336   **3** 840   **4** 9   **5** 18   **6** 8
7 Always 00, 25, 50 or 75
8 (a) Yes   (b) Yes   (c) No   (d) Yes
9 102, 123, 144, 165, 186   **10** 26, 36, 49, 64, 81
11 105, 130, 155, 180, 205   **12** 15, 21, 28, 36, 45

C

1 72.8   **2** 48   **3** 99   **4** 1.7   **5** 2.2   **6** 0.13
7 Always 00, 25, 50 or 75
8 (a) Yes   (b) No   (c) No   (d) Yes
9 197, 246, 295, 344, 393   **10** 26, 37, 50, 65, 82
11 90, 85, 79, 72, 64   **12** 81, 243, 729, 2187, 6561

Page 17

A

1 3, 6, 9, 12, 15, 18   **2** 7, 14, 21, 28, 35, 42
3 9, 18, 27, 36, 45, 54   **4** 25, 50, 75, 100, 125, 150
5 12, 24, 36, 48, 60, 72   **6** 20, 40, 60, 80, 100, 120
7 Yes   **8** No   **9** Yes   **10** No   **11** Yes   **12** Yes
13 (a) 3, 6, 9, 12, 15, 18, 21, 24, 27, 30
    (b) 6, 12, 18, 24, 30, 36, 42, 48, 54, 60
14 6, 12, 18, 24, 30
15 (a) 10, 20, 30, 40, 50, 60, 70, 80, 90, 100
    (b) 15, 30, 45, 60, 75, 90
16 30, 60, 90

B

1 63
2 16 fiction and 84 non-fiction
  44 fiction and 56 non-fiction
  72 fiction and 28 non-fiction
3 51, 66, 81 or 96

C

1 14, 49 and 84
2 9 girls, 15 boys, 36 adults   9 girls, 35 boys, 16 adults
  18 girls, 10 boys, 32 adults   18 girls, 30 boys, 12 adults
  27 girls, 5 boys, 28 adults   27 girls, 25 boys, 8 adults
  36 girls, 20 boys, 4 adults
3 30

Page 18

B

1. 0   2. 2   3. 0   4. 3   5. 0   6. 4
7. 0   8. 5   9. 0   10. 50

C

2. (a) (4, 3)   (b) (0, 5)   3. (a) kite
(b) parallelogram   (c) trapezium   (d) parallelogram

Page 19

A

A Trapezium   B equilateral triangle   C regular pentagon
D irregular heptagon   E rhombus   F scalene triangle
G regular octagon   H irregular hexagon   I quadrilateral
J kite   K isosceles triangle   L parallelogram

B

1. BCG   2. DHI   3. BCEG   4. HJK   5. square, rhombus
6. 2 from square, rectangle, rhombus, parallelogram
7. parallelogram, rhombus   8. square, rectangle
9. trapezium   10. kite   11. kite

C

1. 180°   2. 360°   3. 540°   4. 720°
5. (a) $p = s \div 2$ or $p = \frac{s}{2}$ (b) $p = 0$ 6. (a) $p = s$ (b) $p = s - 2$
7. (a) square, rectangle, rhombus, parallelogram
(b) square, rhombus, kite

Page 20

B

5. (b) 7.0 cm (allow +/– 0.1 cm)

Page 21

A

1. 300 ml, 700 ml   2. 25 ml, 275 ml   3. 0.2 litres, 0.6 litres
4. 40 ml, 80 ml   5. 600 ml   6. 3500 ml
7. 1.2 litres   8. 4.7 litres   9. 58 mm
10. 11 mm   11. 0.4 cm   12. 2.6 cm

B

1. 0.25 litres, 1.75 litres   2. 225 ml, 375 ml   3. X = b, Y = d, Z = f
4. 5740 ml   5. 1310 ml   6. 2.03 litres   7. 3.29 litres
8. 87 cm   9. 418 cm   10. 1.62 m   11. 6.45 m

C

1. 0.45 litres, 0.8 litres   2. 0.6 litres, 1.9 litres   3. X = b, Y = e, Z = g
4. 2417 ml   5. 293 ml   6. 1.965 litres   7. 5.321 litres
8. 4734 m   9. 858 m   10. 1.589 kg   11. 3.145 kg

Page 22

A

1. Thursday   2. 12°C   3. 14°C   4. (a) 5°C   (b) 3°C
5. (a) 4°C   (b) 2°C

Page 23

B

1. 17°C   2. April   3. (a) May to June   (b) Sept. to October
4. 14°C   6. 1°C   7. $4\frac{1}{2}$ hours

C

1. 11 cm   2. May, October
3. Oct. to November – increased rainfall

4. 12 cm   5. $1\frac{1}{2}$ months   7. 700 m
8. 1 hour 15 minutes or 75 minutes

Page 24

A

1. (a) 60   (b) 55   (c) 12   (d) 80   (e) 140   (f) 280

2.
Mark	1	:	6	7	8	9	10
Frequency	1	:	2	3	7	11	8

Page 25

B

1. (a) 12   (b) 28   (c) 32   (d) $\frac{1}{8}$ (e) $\frac{1}{4}$

3.
No. of Books	1–5	6–10	11–15	16–20	21–25	26–30
Frequency	1	2	8	15	11	3

C

1. (a) 55   (b) 90   (c) 220
(d) Anjalia is right.   55 is one quarter of 220.   (e) $\frac{1}{2}$

2.
Journey Length (minutes)	1–10	11–20	21–30	31–40	41–50	51–60
Frequency	5	10	10	12	7	6

Page 26

A

1. (a) 10   (b) 5   (c) 5   2. (a) 5   (b) 15   (c) 30
3. (a) 30   (b) 15   (c) 15

Page 27

B

1. Alice   24
Brett   12
Cindy   6
Disk   6

2.
Passengers	0	1	2	3	3+
Cars	80	40	40	20	20

3. Greece   40
USA   80
France   120
Spain   160

C

1. (a) 35   (b) 70   (c) 105   (d) 280   2. (a) 24   (b) 12
(c) same number   (d) more children
40% of 60 = 24 (adults)   25% of 80 = 20 (children)
30% of 80 = 24 (children)   30% of 60 = 18 (adults)

Page 28

A

1. (a) 4   (b) 11   (c) 10   2. (a) 12   (b) 1   (c) 2
3. (a) 9°C   (b) 8°C   (c) 7°C

B

1. (a) 5   (b) 3   (c) 4   (d) 4   2. (a) 13   (b) 3
(c) 4   (d) 6   3. (a) 9°C   (b) 13°C   (c) 13°C   (d) 14°C

C

1. (a) 0.17 sec.   (b) 10.04 sec.   (c) 10.02 sec.   (d) 10.0 sec.

Answers

2 (a) 0.38 m (b) 0.96 m (c) 0.98 m (d) 0.97 m
3 (a) 8°C (b) 5°C (c) 1°C (d) 2°C

Page 29
A
1 (a) 12 m (b) 8 m (c) 24 m **2** (d) 8 (e) 3 (f) 15

B
1 (a) 1.4 m (b) 60 cm (c) 2.2 m **2** (d) 12 (e) 9 (f) 4

C
1 (a) 48 m (b) 28.8 m (c) 23.4 m
2 (d) 46 (e) 25 (f) 67

Page 30
A
1 20 kg, 45 kg **2** 10.5 kg, 12 kg **3** 2.3 cm, 2.8 cm
4 440 g, 520 g **5** 200 ml, 350 ml **6** 4 litres, 5 litres
7 0.7 kg, 1.8 kg **8** 18 cm, 32 cm **9** 250 ml, 625 ml
10 0.25 litres, 0.375 litres

B
1 (a) 160 g, 150 g (b) 10 g
2 (a) 0.35 kg, 340 g (b) 10 g
3 (a) 0.4 litres, 375 ml (b) 25 ml
4 (a) 0.375 kg, 420 g (b) 45 g
5 (a) 180 ml, 160 ml (b) 20 ml

C
1 (a) 37.5 g, 0.04 kg (b) 2.5 g
2 (a) 800 g, 0.825 kg (b) 25 g
3 (a) 625 ml, 0.65 litres (b) 25 ml
4 (a) 0.525 kg, 520 g (b) 5 g
5 (a) 1.05 litres, 1200 ml (b) 150 ml

Page 31
A
1 2 km **2** 3.5 km **3** 2500 m **4** 7400 m
5 2.9 m **6** 1.47 m **7** 361 cm **8** 87 cm
9 3.7 cm **10** 1.6 cm **11** 90 mm **12** 4 mm
13 3400 g **14** 170 g **15** 3.1 kg **16** 2.25 kg
17 500 ml **18** 2900 ml **19** 1.8 litres **20** 0.6 litres
21 4 h 15 mins. **22** 2 h 30 mins. **23** 1 h 45 mins. **24** 3 h 30 mins.

B
1 0.392 km **2** 2.756 km **3** 1437 m **4** 26 m
5 2.4 m **6** 0.06 m **7** 48 cm **8** 1396 cm
9 0.021 m **10** 0.685 m **11** 7 mm **12** 6937 mm
13 6149 g **14** 4250 g **15** 1.593 kg **16** 0.8 kg
17 1250 ml **18** 4600 ml **19** 2.47 litres **20** 0.68 litres
21 1 h 12 mins. **22** 3 h 42 mins. **23** 8 h 6 mins. **24** 5 h 54 mins.

C
1 < **2** = **3** = **4** > **5** < **6** >
7 80 hours **8** 40 **9** 9.6 kg
10 1.56 km (195 gaps) Allow 1.568 km

Page 32
A
1 feet or inches **2** pints **3** yards **4** pounds
5 inches **6** ounces **7** miles **8** gallons
9 5 cm **10** 90 cm **11** 150 g **12** 6 litres
13 9 litres **14** 16 km **15** 180 cm **16** 3 kg
17 4 inches **18** 10 gallons **19** 50 miles **20** 10 yards

B
1 11 ounces **2** 6 feet **3** 200 miles **4** 10 gallons
5 15 cm **6** 150 cm **7** 90 m **8** 40 km
9 360 g **10** 5 kg **11** 3.6 litres **12** 18 litres
13 12 inches **14** 30 miles **15** 8 ounces **16** 8 gallons

C
1 > **2** < **3** < **4** < **5** > **6** >
7 > **8** > **9** > **10** < **11** < **12** <
13 > **14** < **15** > **16** <
17 30 g, 330 g or 3 kg
   1.2 m, 1.8 m or 2.4 m
   3.2 km, 32 km or 320 km
   45 litres, 450 litres or 4500 litres

Page 33
A
1 Simon 8.6 kg, Tammy 9.4 kg **2** 1.5 litres **3** 24 cm^2
4 1625 ml **5** £2

B
1 2 h. 30 mins. **2** −1.05°C **3** 112 **4** 8.8kg **5** 38.8 litres

C
1 205.2 m **2** 10.765 litres **3** 1.8 kg
4 900 m^2 **5** 68 p **6** Rover 565 g, Rex 685 g

Page 34
A
1 A allow 8 km^2 or 9 km^2 B 7 km^2 C 2 km^2
2

Length	9 cm	8 cm	6 cm	12 cm	7 cm	9 cm
Width	7 cm	3 cm	2 cm	5 cm	6 cm	8 cm
Perimeter	32 cm	22 cm	16 cm	34 cm	26 cm	34 cm
Area	63 cm^2	24 cm^2	12 cm^2	60 cm^2	42 cm^2	72 cm^2

Page 35
B
1 20 cm^2 **3** (a) 22 cm (b) 22 cm^2 **4** (a) 28 cm (b) 28 cm^2
5 (a) 36 cm (b) 60 cm^2 **6** (a) 38 cm (b) 60 cm^2

C
1 (a) 44 cm (b) 92 cm^2 **2** (a) 40 cm (b) 66 cm^2 **3** (a) 46 cm
   (b) 76 cm^2 **4** (a) 40 cm (b) 57 cm^2 **6** 100 **7** 10 000
8 1 000 000 **9** £19 **10** (a) 25 (b) 210

Page 36
A
1 14 **2** 35 **3** 72 **4** 18 **5** 300 **6** 720
7 210 **8** 360 **9** 160 **10** 360 **11** 360 **12** 490
13 4 **14** 8 **15** 9 **16** 5 **17** 30 **18** 90
19 60 **20** 70 **21** 8 **22** 9 **23** 6 **24** 2

B
1 8 **2** 6 **3** 900 **4** 80 **5** 4 **6** 20
7 45 **8** 12 **9** 2400 **10** 6300 **11** 320 **12** 4200
13 2.8 **14** 1.6 **15** 1.2 **16** 1.8 **17** 6.3 **18** 4.8
19 3.5 **20** 5.4 **21** 2.7 **22** 5.6 **23** 4.0 **24** 2.8
25 0.3 **26** 0.4 **27** 0.7 **28** 0.7 **29** 0.2 **30** 0.5
31 6 **32** 5 **33** 3 **34** 8 **35** 5 **36** 8

C
1 0.6 **2** 0.09 **3** 0.7 **4** 5 **5** 0.8 **6** 2
7 1.6 **8** 2.4 **9** 0.81 **10** 2.8 **11** 48 **12** 0.36

Answers

13 6.3	**14** 0.18	**15** 3.2	**16** 0.32	**17** 5.4	**18** 0.35
19 3.5	**20** 0.48	**21** 0.36	**22** 0.56	**23** 1.8	**24** 0.18
25 8	**26** 0.2	**27** 60	**28** 4	**29** 0.6	**30** 0.09
31 9	**32** 60	**33** 0.07	**34** 0.5	**35** 70	**36** 8

Page 37

A

1 3.4 × 5   3.5 × 4   **2** (a) 245 ÷ 6   (b) 652 ÷ 2
3 6.75 + 0.25   **4** 8.3 – 3.8   **5** 1.2 × 5   **6** 4.2 ÷ 10
7 8   **8** 11   **9** 20   **10** 25   **11** 17, 20   **12** 22, 34

B

1 78.5 × 2   27.8 × 5
    87.5 × 2   72.8 × 5
    78.2 × 5   27.5 × 8
    87.2 × 5   72.5 × 8
2 (a) 13 × 24   (b) 41 × 32   **3** 1.63 + 1.48   **4** 16.115 – 4.08
5 23.75 × 4.6   **6** 784.3 ÷ 11.5   **7** 25, 27   **8** 23, 29
9 49, 74   **10** 2.85, 3.15

C

1 9.02   **2** 2.1   **3** 6   **4** 4.2   **5** 6.02   **6** 3.695
7 17, 18   **8** 35, 36   **9** 51, 52   **10** 78, 79
11 26, 27, 28   **12** 55, 56, 57   **13** 96, 97, 98   **14** 183, 184, 185
15 87 × 49   **16** 1748 ÷ 23 = 76   **17** 576 cm²   **18** 128 cm

Page 38

A

1 6.4   **2** 6.4   **3** 6.5   **4** 9.4   **5** 7.8   **6** 7.9
7 4.7   **8** 3.3   **9** 4.9   **10** 6.2   **11** 5.6   **12** 9.7
13 7.8   **14** 4.8   **15** 7.8   **16** 9.3   **17** 37.8 kg   **18** 3.4 km
19 15.9 m

B

1 26.5   **2** 44.5   **3** 48.2   **4** 84.5   **5** 63.5   **6** 21.5
7 84.6   **8** 53.5   **9** 0.65   **10** 1.08   **11** 0.85   **12** 4.55
13 2.05   **14** 1.58   **15** 1.75   **16** 0.95   **17** 8.6 kg   **18** 8.75 litres

C

1 15.75   **2** 24.25   **3** 8.75   **4** 4.75   **5** 10.75   **6** 3.75
7 7.25   **8** 12.75   **9** 0.865   **10** 2.35   **11** 0.074   **12** 0.335
13 0.075   **14** 1.875   **15** 0.062   **16** 0.325   **17** 3.325 miles   **18** 0.15 kg

Page 39

A

1 60.88 litres   **2** 27 kg   **3** 48.3 kg   **4** £42.75   **5** 50.4 litres

B

1 10.35 kg   **2** 10.205 litres   **3** 27.3 litres   **4** 11.48 m
5 5.95 km   **6** 1.276 km   **7** £33.90

C

1 485 m   **2** 27.224 kg   **3** 235 ml   **4** 5 m 45.6 cm
5 13.2 kg   **6** 82.838 kg   **7** 24 weeks

Page 40

A

1 4, 6   **2** 5, 8, 9
3 two 5ps and eight 2ps   four 5ps and three 2ps
4 seven 5ps and two 2ps   five 5ps and seven 2ps
    three 5p and twelve 2ps   one 5p and seventeen 2ps

B

1 6, 12   **2** 7, 16   **3** 8, 20   **4** 9, 25
5 3 octopods and 12 tripods   6 octopods and 4 tripods

C

1 19,100   **2** 99,2500

3 $T = \left(\dfrac{n}{2}\right)^2$ if T is even   **4** $t = n - 1$

$T = \left(\dfrac{n+1}{2}\right) \times \left(\dfrac{n-1}{2}\right)$ if T is odd

5 11, 20, 27, 32, 35, 36   **6** 12 oranges, 4 colas   5 oranges, 10 colas

Page 41

A

1 $5\frac{2}{3}$ **2** $7\frac{5}{6}$ **3** $6\frac{1}{2}$ **4** $4\frac{2}{9}$ **5** $6\frac{1}{4}$ **6** $5\frac{1}{7}$
7 $3\frac{5}{8}$ **8** $9\frac{3}{5}$ **9** $8\frac{3}{10}$ **10** $6\frac{1}{6}$ **11** $3\frac{1}{2}$ **12** $1\frac{3}{5}$
13 $2\frac{1}{4}$ **14** $2\frac{2}{3}$ **15** $4\frac{1}{2}$

B

1 $17\frac{2}{4}$ **2** $23\frac{4}{9}$ **3** $34\frac{1}{3}$ **4** $16\frac{6}{7}$ **5** $25\frac{1}{5}$ **6** $12\frac{2}{6}$
7 $18\frac{6}{8}$ **8** $23\frac{4}{7}$ **9** $35\frac{3}{4}$ **10** $14\frac{4}{9}$ **11** $2\frac{1}{2}$ **12** $3\frac{1}{3}$
13 $4\frac{1}{6}$ **14** $3\frac{15}{20}$ or $3\frac{3}{4}$ **15** $7\frac{1}{5}$ **16** $4\frac{3}{7}$ **17** $2\frac{3}{4}$ each
18 (a) $2\frac{6}{12}$ or $2\frac{1}{2}$ (b) $3\frac{4}{12}$ or $3\frac{1}{3}$ (c) $4\frac{2}{12}$ or $4\frac{1}{6}$

C

1 113   **2** 238   **3** 187   **4** 175   **5** 174   **6** $5\frac{3}{5}$
7 $12\frac{1}{2}$ **8** $33\frac{1}{3}$ **9** $16\frac{2}{3}$ **10** $14\frac{2}{7}$ **11** $6\frac{2}{3}$ **12** $8\frac{1}{3}$
13 (a) $2\frac{1}{3}$ (b) $3\frac{1}{2}$ (c) $1\frac{3}{4}$

Page 42

A

1 $\frac{3}{6}$ **2** $\frac{2}{8}$ **3** $\frac{6}{10}$ **4** $\frac{4}{6}$ **5** $\frac{4}{8}$ **6** $\frac{4}{10}$
7 $\frac{2}{6}$ **8** $\frac{6}{8}$ **9** $\frac{3}{6}$ **10** $\frac{8}{10}$ **11** $\frac{3}{4}$ **12** $\frac{2}{5}$
13 $\frac{3}{8}$ **14** $\frac{2}{10}$ **15** $\frac{3}{4}$ **16** $\frac{5}{8}$ **17** $\frac{3}{5}$ **18** $\frac{5}{6}$
19 $\frac{1}{3}$ **20** $\frac{5}{8}$

B

1 $\frac{1}{2}$ **2** $\frac{1}{5}$ **3** $\frac{1}{2}$ **4** $\frac{3}{5}$ **5** $\frac{2}{3}$ **6** $\frac{1}{2}$
7 $\frac{3}{4}$ **8** $\frac{1}{3}$ **9** $\frac{2}{3}$ **10** $\frac{1}{4}$ **11** $\frac{1}{2}$ **12** $\frac{7}{10}$
13 $\frac{2}{3}$ **14** $\frac{3}{4}$ **15** $\frac{1}{3}$ **16** $\frac{1}{2}$ **17** >   **18** =
19 <   **20** >   **21** <   **22** >   **23** >   **24** =
25 e.g. $\frac{3}{4}$ **26** e.g. $\frac{1}{5}$ **27** e.g. $\frac{5}{6}$ **28** e.g. $\frac{3}{8}$

C

1 $\frac{3}{10}$ **2** $\frac{1}{4}$ **3** $\frac{1}{4}$ **4** $\frac{3}{7}$ **5** $\frac{1}{5}$ **6** $\frac{5}{9}$
7 $\frac{2}{3}$ **8** $\frac{9}{10}$ **9** $\frac{7}{8}$ **10** $\frac{3}{5}$ **11** $\frac{4}{7}$ **12** $\frac{4}{5}$
13 $\frac{3}{4}$ **14** $\frac{12}{25}$ **15** $\frac{5}{6}$ **16** $\frac{5}{16}$ **17** $\frac{3}{4}$ **18** $\frac{5}{8}$
19 $\frac{4}{10}$ or $\frac{2}{5}$ **20** $\frac{1}{2}$ **21** $\frac{3}{10}$ **22** $\frac{9}{10}$ **23** $\frac{2}{6}$ or $\frac{1}{3}$ **24** $\frac{11}{16}$

Page 43

A

1 9   **2** 7   **3** 5   **4** 8 p   **5** 6 cm   **6** 15
7 35   **8** 12   **9** £36   **10** 8 m   **11** 7   **12** 15
13 40 p   **14** 100 g   **15** 13 p   **16** 8   **17** 21   **18** 75
19 6   **20** 7

Answers

B

1 49	**2** 18	**3** 32	**4** £1	**5** 64 cm	**6** 750 g
7 45	**8** 48	**9** 6	**10** 120 g	**11** £2.50	**12** 135 ml
13 117	**14** 40	**15** 40	**16** 12	**17** 30	

C

1 875 ml	**2** 65 cm	**3** £7.00	**4** £3.55	**5** £2.40	
6 20 p	**7** 2 cm	**8** 2.4 km	**9** 150 ml	**10** 1.33 kg	
11 4 p	**12** 7.6 cm	**13** 132	**14** 39	**15** 63 kg	
16 Lulu. 1 mark	**17** 450				

Page 44

A

1 (a) 100 g flour 25 g caster sugar 60 g butter
  (b) 400 g flour 100 g caster sugar 240 g butter
2 12 **3** 25 **4** 16 **5** (a) 5 mins. (b) $7\frac{1}{2}$ mins.

B

1 (a) 30 g rice 15 g caster sugar 225 ml milk 10 g butter
  (b) 360 g rice 180 g caster sugar 2.7 litres milk 120 g butter
2 20 **3** 20 **4** 12 **5** (a) 2 h.30 mins. (b) 3 h.20 mins.

C

1 (a) 300 g rhubarb 75 g flour 50 g butter 40 g sugar
  (b) 1.35 kg rhubarb 337.5 g flour 225 g butter 180 g sugar
2 60 **3** 25 **4** 80 **5** (a) 50 mins. (b) 2 h. 5 mins.
  (c) 3 h. 30 mins.

Page 45

A

1 < **2** < **3** > **4** < **5** > **6** <
7 < **8** > **9** < **10** >
11 A 2 B 0.35 C 0.45 D 0.6 E 0.75 F 0.85
12 G 0.63 H 0.66 I 0.69 J 0.72 K 0.75 L 0.78

B

1 0.609, 0.69, 6.09, 6.29 **2** 2.257, 2.57, 5.227, 5.27
3 0.923, 9.123, 9.23, 92.3 **4** 2.788, 2.87, 8.272, 8.77
5 1.2, 1.1, 1.0, 0.9, 0.8 **6** 0.011, 0.013, 0.015, 0.017, 0.019
7 4.02, 4.0, 3.98, 3.96, 3.94 **8** 0.09, 0.095, 0.1, 0.105, 0.11
9 1.9 → 1.915, 1.935, 1.95, 1.965, 1.98, 1.99, 2.0

C

1 5.556, 5.56, 5.656, 5.66, 55.65 **2** 4.494, 4.499, 4.9, 4.944, 4.99
3 0.178, 0.187, 0.71, 0.781, 1.7 **4** 0.322, 0.33, 2.033, 2.303, 2.32
5 2.176 **6** 4.585 **7** 0.325 **8** 1.675 **9** 3.7 **10** 0.491
11 0.625 **12** 5.155
9 0.99 → 0.992, 0.995, 1.0, 1.002, 1.006, 1.008, 1.01

Page 46

A

1 (a) $\frac{80}{100}$, 0.8 **2** (a) $\frac{24}{100}$, 0.24
3 (a) $\frac{65}{100}$, 0.65 **4** (a) $\frac{3}{100}$, 0.03
5 (a) $\frac{3}{10} + \frac{4}{100}$ (b) 0.3 + 0.04
6 (a) $3 + \frac{2}{10} + \frac{9}{100}$ (b) 3 + 0.2 + 0.09
7 (a) $1 + \frac{8}{10}$ (b) 1 + 0.8
8 (a) $7 + \frac{1}{100}$ (b) 7 + 0.01
9 (a) $5 + \frac{9}{10} + \frac{3}{100}$ (b) 5 + 0.9 + 0.03
10 (a) $21 + \frac{9}{100}$ (b) 21 + 0.09
11 (a) $\frac{6}{10} + \frac{7}{100}$ (b) 0.6 + 0.07
12 (a) $9 + \frac{2}{10} + \frac{5}{100}$ (b) 9 + 0.2 + 0.05
13 (a) $\frac{1}{10} + \frac{6}{100}$ (b) 0.1 + 0.06
14 (a) $14 + \frac{4}{10}$ (b) 14 + 0.4
15 (a) $2 + \frac{5}{10} + \frac{8}{100}$ (b) 2 + 0.5 + 0.08
16 (a) $7 + \frac{2}{100}$ (b) 7 + 0.02
17 $\frac{8}{10}$ **18** $\frac{2}{100}$ **19** $\frac{7}{10}$ **20** 5 **21** $\frac{6}{100}$ **22** $\frac{2}{10}$
23 $\frac{6}{100}$ **24** $\frac{5}{10}$ **25** $\frac{3}{100}$ **26** $\frac{1}{10}$ **27** $\frac{3}{100}$ **28** $\frac{6}{10}$
29 0.11, 0.13, 0.15, 0.17, 0.19 **30** 1.06, 1.07, 1.08, 1.09, 1.1
31 1.0, 1.02, 1.04, 1.06, 1.08 **32** 1.85, 1.9, 1.95, 2.0, 2.05

Page 47

B

1 1.625 **2** 4.071 **3** 0.203
4 3.002 **5** 6 + 0.01 **6** 2 + 0.7 + 0.06
7 0.3 + 0.09 + 0.007 **8** 4 + 0.8 + 0.02 + 0.001
9 9 + 0.07 **10** 0.04 + 0.003 **11** 1 + 0.006
12 3 + 0.07 + 0.004 **13** 8 + 0.2 + 0.05 + 0.004 **14** 72 + 0.04
15 5 + 0.003 **16** 26 + 0.02 + 0.006
17 $\frac{3}{10}$ **18** $\frac{5}{100}$ **19** $\frac{7}{1000}$ **20** 10 **21** 8 **22** $\frac{3}{100}$
23 $\frac{8}{1000}$ **24** $\frac{9}{10}$ **25** 30 **26** $\frac{4}{100}$ **27** $\frac{2}{1000}$ **28** $\frac{5}{10}$
29 0.682 **30** 2.018 + 0.5 **31** 3.295 + 0.005 **32** 0.48
33 1.03 **34** 2.584 − 2.534 **35** 5.609 − 5.309 **36** 7.206

C

1 A 1.92 B 1.935 C 1.95 D 1.965 E 1.975 F 1.99
2 G 0.992 H 0.995 I 0.999 J 1.001 K 1.004 L 1.008
3 3.1 **4** 3.041 **5** 6 **6** 8.13 **7** 7.3 **8** 1.21
9 6.01 **10** 0.106 **11** 3.29 **12** 5.001 **13** 0.301 **14** 5
15 0.597, 0.598, 0.599, 0.6, 0.601 **16** 0.085, 0.09, 0.095, 0.1, 0.105
17 3, 3.002, 3.004, 3.006, 3.008 **18** 1, 0.996, 0.992, 0.988, 0.984
19 1.733 **20** 5.125 **21** 3.591 **22** 0.882 **23** 3.234 **24** 3.181
25 0.023 **26** 0.4 **27** 0.02 **28** 0.005 **29** 0.06 **30** 0.009

Page 48

A

1 10	**2** 2	**3** 8	**4** 4	**5** 8	**6** 1
7 18	**8** 9	**9** 12	**10** 12	**11** 14	**12** 4
13 £7	**14** £2	**15** £6	**16** £12	**17** £5	**18** £11
19 £2	**20** £1	**21** £1	**22** £3	**23** £12	**24** £9
25 £20	**26** £16	**27** £35	**28** £30	**29** £16	**30** £17
31 £32	**32** £22				

B

1 (a) 16 (b) 16.5 **2** (a) 9 (b) 8.9 **3** (a) 17 (b) 17.4
4 (a) 5 (b) 4.5 **5** (a) 14 (b) 13.8 **6** (a) 1 (b) 1.2
7 (a) 11 (b) 10.7 **8** (a) 0 (b) 0.2 **9** (a) 3 (b) 2.6
10 (a) 6 (b) 5.9 **11** (a) £3 (b) £2.70 **12** (a) £0 (b) £0.30
13 (a) £8 (b) £7.50 **14** (a) £4 (b) £3.90 **15** (a) £1 (b) £1.00
16 (a) £6 (b) £5.70 **17** (a) £1 (b) £0.60 **18** (a) £8 (b) £8.10
19 (a) £16 (b) £16.30 **20** (a) £5 (b) £5.00 **21** 37 **22** 59
23 54 **24** 33 **25** 77 **26** 81 **27** 6 **28** 30

C

1

Pounds	1	2	3	4	5	6	7	8	9
Kilograms	0.5	0.9	1.4	1.8	2.3	2.7	3.2	3.6	4.1

2

Pounds	1	2	3	4	5	6	7	8	9
Kilograms	0.45	0.91	1.36	1.81	2.27	2.72	3.18	3.63	4.08

3 13.4 **4** 8.7 **5** 6.9 **6** 7.2 **7** 10 **8** 27 **9** 0.5 **10** 0.8

Page 49

A

1 6.4 cm **2** 1.8 kg **3** 1.2 kg **4** 1.8 m **5** 5.1 kg
6 0.6 litres **7** 65 m²

B

1 1.15 km **2** 0.36 kg **3** 1.46 m **4** 3.15 litres **5** 0.16 litres
6 3.75 m

C

1 4.52 litres **2** 19.2 km **3** 1.57 kg **4** 1.307 km **5** 0.21 litres
6 0.125 kg **7** 18.625 kg

Page 50

A

1 0.3 **2** 1.29 **3** 0.7 **4** 0.3 **5** 0.04
6 0.6 **7** 10 **8** 100 **9** 2.96 + 1.43 **10** 1.68 + 0.89
11 3.81 − 1.57 **12** 3.21 − 1.53 **13** 4.7 × 9 **14** 2.58 × 4
15 4.62 ÷ 6 **16** 8.7 ÷ 3 **17** 19.5 **18** 7.6

B

1 3.355 **2** 1.914 **3** 0.5 **4** 90 **5** 0.6
6 0.04 **7** 100 **8** 4 **9** 4.35 + 1.89
10 1.84 + 1.47 **11** 8.38 − 6.74 **12** 6.33 − 2.75 **13** 6.23 × 7
14 2.53 × 9 **15** 26.08 ÷ 8 **16** 27.78 ÷ 6 **17** (a) 38
(b) 64

C

1 0.231 **2** 3.893 **3** 0.05 **4** 0.03 **5** 0.043
6 0.302 **7** 50 **8** 2000 **9** 3.18 **10** 12.88
11 0.025 **12** 20 **13** 0.09 **14** 21 **15** 111.1
16 50 **17** (a) 67, 68 (b) 83, 84

Page 51

A

1 83.3 **2** 5.63 **3** 9.66 **4** 18.46 **5** 34.47
6 13.85 **7** 41.49 **8** 23.53 **9** 55.44 **10** 96.00
11 20.45 kg **12** 27.82 km

B

1 34.24 **2** 9.476 **3** 12.247 **4** 7.700 **5** 105.29
6 11.532 **7** 127.74 **8** 86.33 **9** 14.619 **10** 9.025
11 6.245 litres **12** 51.63 secs. **13** 132.15 km

C

1 88.506 **2** 53.689 **3** 134.708 **4** 848.589 **5** 63.739
6 219.02 **7** 44.594 **8** 480.531 **9** 64.639 **10** 446.552
11 45.209 inches **12** 461.33 kg

Page 52

A

1 20.6 **2** 24.8 **3** 26.4 **4** 44.4 **5** 10.6
6 1.47 **7** 3.62 **8** 3.43 **9** 2.27 **10** 4.67
11 2.56 kg

B

1 1.77 **2** 5.8 **3** 2.47 **4** 43.7 **5** 0.58
6 0.327 **7** 0.772 **8** 1.143 **9** 5.396 **10** 0.376
11 3.56 m **12** 0.583 kg **13** 2.475 litres

C

1 7.82 **2** 2.684 **3** 1.579 **4** 6.488 **5** 17.75
6 2.835 **7** 66.45 **8** 3.362 **9** 34.71 **10** 8.635
11 63.655 litres **12** 38.56 kg **13** 88.74 secs.

Page 53

A

1 9.45 m **2** 0.36 kg **3** 24 **4** £3.99 **5** −1°C

B

1 470 g or 0.47 kg **2** £4.70 **3** 27.6 m² **4** −4°C **5** 20160

C

1 £463.20 **2** 60.09 secs. **3** −1°C **4** 3.675 kg **5** £1.47

Page 54

A

1 1.8 **2** 4.0 **3** 2.4 **4** 1.8 **5** 1.2 **6** 1.8
7 4.0 **8** 3.5 **9** 1.2 **10** 7.2 **11** 4.8 **12** 1.8
13 1.4 **14** 3.0 **15** 2.4 **16** 4.2 **17** 0.2 **18** 0.4
19 0.7 **20** 0.5 **21** 0.4 **22** 0.7 **23** 0.9 **24** 0.5
25 0.7 **26** 0.5 **27** 0.4 **28** 0.8 **29** 0.5 **30** 0.9
31 0.3 **32** 0.7
33 0.7 × 6 = 4.2   4.2 ÷ 6 = 0.7
   4.2 ÷ 7 = 0.6 or 4.2 ÷ 0.7 = 6, 4.2 ÷ 0.6 = 7, etc
34 0.5 × 9 or 9 × 0.5 or 0.9 × 5   4.5 ÷ 5 = 0.9
   4.5 ÷ 9 = 0.5 or 4.5 ÷ 0.5 = 9, etc

B

1 2 **2** 8 **3** 4 **4** 6 **5** 0.9 **6** 0.3
7 0.07 **8** 0.05 **9** 3 **10** 9 **11** 2 **12** 6
13 6.3 **14** 4.0 **15** 0.48 **16** 0.36
17 3.78 ÷ 2.7 = 1.4 **18** 0.06 × 3 = 0.18
   1.4 × 2.7 = 3.78   0.03 × 0.6 = 0.018
   2.7 × 1.4 = 3.78   1.8 ÷ 30 = 0.06

C

1 8 **2** 2 **3** 0.6 **4** 0.7 **5** 0.004 **6** 0.06
7 0.05 **8** 0.08 **9** 5 **10** 6 **11** 80 **12** 70
13 0.081 **14** 0.28 **15** 0.4 **16** 0.03
17 2.3 × 3.9 = 8.97   0.39 × 2.3 = 0.897
   8.97 ÷ 23 = 0.39   0.897 ÷ 39 = 0.023

Page 55

A

1 6.4 kg **2** 0.79 km **3** 3.6 m **4** 0.24 kg **5** 20 **6** 12

B

1 31.85 litres **2** 25 **3** (a) £8.96 (b) €35
4 250 **5** (a) 15.5 miles (b) 45 km **6** 6 g or 0.006 kg

C

1 4.4 m **2** 128 **3** 23.5 kg **4** 44 **5** (a) £359.10 (b) £190.84

Page 56

A

1 $p = 2a + 2b$ **2** $p = 4c$ **3** $p = d + e + f$
4 $p = 2h + j + k$ **5** $p = 6l$ **6** $p = 2n + m$

B

1 $g = 8y$ **2** $f = 6s$ **3** $w = 2b$ **4** $m = 12y$
5 $m = 60h$ **6** $l = 8s + 6a$ **7** $s = 5p$ **8** $v = 12h$
9 $10x$ pence **10** $20y$ pence **11** £$4x$ **12** £$0.6d$

Answers

C
- **5** $2n$
- **6** $3n$
- **7** $n-4$
- **8** n^2
- **9** $2n+1$
- **10** $3n-1$
- **11** $(\frac{x}{2}-2)$ litres

Page 57

A
- **1** 79.65
- **2** 5.747
- **3** 145.68
- **4** 0.832
- **5** 37.152
- **6** 1266.7
- **7** 181.92
- **8** 290.378
- **9** 2.97 + 2.35
- **10** 4.49 + 0.67
- **11** 4.43 − 3.75
- **12** 8.3 − 1.83
- **13** 69 × 4.3
- **14** 35.5 × 5.6
- **15** 2195.2 ÷ 64
- **16** 27.257 ÷ 4.85

B
- **1** (a) 49 (b) 50.37
- **2** (a) 2 (b) 2.052
- **3** (a) 24 (b) 22.68
- **4** (a) 0.28 (b) 0.273
- **5** 64 × 0.32
- **6** 0.4 × 387
- **7** 0.864 ÷ 0.45
- **8** 202.92 ÷ 53.4
- **9** 67 × 84
- **10** 126 × 39
- **11** 19 437 ÷ 341 = 57
- **12** 12 255 ÷ 43 = 285

C
- **1** 900.99
- **2** 7344.0
- **3** 5.796
- **4** 2293.9
- **5** 50.367
- **6** 274.62
- **7** €7482.50
- **8** £253.15
- **9** 15.89 kg
- **10** 475 lb
- **11** 17.16 gallons
- **12** 2865 litres

Page 58
- **1** 36
- **2** 9
- **3** 25
- **4** 100
- **5** 4
- **6** 81
- **7** 16
- **8** 49
- **9** 4
- **10** 7
- **11** 2
- **12** 6
- **13** 8
- **14** 10
- **15** 5
- **16** 9
- **17** 400
- **18** 2500
- **19** 900

B
- **1** 1600
- **2** 6400
- **3** 2500
- **4** 400
- **5** 4900
- **6** 10 000
- **7** 3600
- **8** 8100
- **9** 30
- **10** 70
- **11** 40
- **12** 100
- **13** 60
- **14** 80
- **15** 50
- **16** 90
- **17** $5^2 = 4^2 + 4 + 5 = 25$
  $6^2 = 5^2 + 5 + 6 = 36$
  $7^2 = 6^2 + 6 + 7 = 49$
  $8^2 = 7^2 + 7 + 8 = 64$
  $9^2 = 8^2 + 8 + 9 = 81$
  $10^2 = 9^2 + 9 + 10 = 100$
  $11^2 = 10^2 + 10 + 11 = 121$
  $12^2 = 11^2 + 11 + 12 = 144$
- **18** 961
- **19** 8281
- **20** 10 201
- **21** 3721
- **22** 361
- **23** 2401
- **24** 6241
- **25** 1521

C
- **1** 40 000
- **2** 250 000
- **3** 810 000
- **4** 160 000
- **5** 1 000 000
- **6** 490 000
- **7** 5500
- **8** 4000
- **9** 5100
- **10** 12 500
- **11** 2000
- **12** 9000
- **13** 1, 1, 4, 9
- **14** 4, 4, 16
- **15** 4, 9, 49
- **16** 9, 25, 81
- **17** 4, 64, 100
- **18** 4, 36, 100
- **19** 1, 1, 36, 400
- **20** 10 000 + 6400
- **21** 14 400 + 100
- **22** 36, 400, 400, 1600
- **23** 9, 81, 2500, 3600
- **24** 9, 100, 4900, 4900

Page 59

A
- **1** 1, 2, 3, 6
- **2** 1, 2, 4, 8, 16
- **3** 1, 2, 4, 5, 10, 20
- **4** 1, 2, 11, 22
- **5** 1, 3, 9, 27
- **6** 1, 2, 3, 5, 6, 10, 15, 30
- **7** 1, 2, 4, 8, 16, 32
- **8** 1, 2, 3, 4, 6, 9, 12, 18, 36
- **9** 11, 13, 17, 19
- **10** 23, 29
- **11** 31, 37
- **12** 41, 43, 47
- **13** 79
- **14** 67
- **15** 97
- **16** 53
- **17** 89
- **18** 71
- **19** 59
- **20** 101

B
- **1** 2, 2, 3
- **2** 2, 2, 5
- **3** 2, 3, 7
- **4** 2, 3, 3, 3
- **5** 2, 2, 3, 3
- **6** 3, 5, 5
- **7** 2, 2, 2, 11
- **8** 2, 3, 3, 5
- **9** 2, 17
- **10** 5, 17 or 3, 19
- **11** 2, 61
- **12** 3, 41 or 13, 31
- **13** 3, 97   29, 71
  11, 89   41, 59
  17, 83   47, 53
- **14** 29 × 3
- **15** 13 × 7
- **16** 73 × 2
- **17** 667 × 3
- **18** 3 × 45, 5 × 27, 9 × 15
- **19** 13 × 11

C
- **1** 2, 2, 2, 2, 3
- **2** 2, 2, 3, 5
- **3** 3, 3, 3, 3
- **4** 2, 2, 3, 7
- **5** 2, 2, 5, 5
- **6** 2, 2, 2, 2, 3, 3
- **7** 2, 3, 3, 3, 3
- **8** 2, 2, 2, 2, 2, 2, 2
- **9** 444
- **10** 950
- **11** 2928
- **12** 2226
- **13** 2520
- **14** 3640
- **15** 4864
- **16** 6408
- **17** 23 × 7
- **18** 19 × 11
- **19** 819 × 3
- **20** 17 × 11
- **21** 29 × 13
- **22** 1667 × 3

Page 60

A
- **1** 5
- **2** 6
- **3** vertical lines
- **4** knight's move, right
- **5** knight's move, left
- **6** diagonal down to left
- **7** vertical line
- **8** diagonal down to right
- **9** knight's move, right
- **10** knight's move, left and right
- **11** vertical lines
- **12** diagonal lines to left
- **13** diagonal lines to right
- **14** knight's move, left
- **15** diagonal lines to left
- **16** vertical line
- **17** diagonal line to right
- **18** knight's move, right
- **19** chessboard pattern

Page 61

B
- **1** vertical lines
- **2** diagonal lines to right
- **3** vertical lines
- **4** knight's move, right
- **5** knight's move, left
- **6** diagonal lines to left
- **7** vertical line
- **8** diagonal line to right
- **9** knight's move, right
- **10** chessboard pattern
- **11** diagonal lines to left
- **12** diagonal lines to right
- **13** knight's move, left
- **14** diagonal lines to left
- **15** vertical line
- **16** diagonal line to right
- **17** knight's move, right

C

1

No. of Columns	Multiples of							
	2	3	4	5	6	7	8	9	10
10	V	Dl	K	V	Kr	O	Kl	Dl	V
9	C	V	Dl	Dr	O	Kl	Dl	V	Dr
8	V	Dr	V	Kr	Kl	Dl	V	Dr	Kr
7	C	Dl	Dr	Kl	Dl	V	Dr	Kr	X
6	V	V	K	Dl	V	Dr	Kr	X	X
5	C	Dr	Dl	V	Dr	Kr	X	X	X
4	V	Dl	V	Dr	Kr	X	X	X	X
3	C	V	Dr	Kr	X	X	X	X	X

Page 62

A
- **1** 62, 59, 56, 53, 50, 47
- **2** 2, $2\frac{1}{2}$, 3, $3\frac{1}{2}$, 4, $4\frac{1}{2}$
- **3** 1.5, 1.25, 1.0, 0.75, 0.5, 0.25
- **4** −100, −50, 0, 50, 100, 150, 200
- **5** 7, 5, 3, 1, −1, −3
- **6** 47, 56, 65, 74, 83, 92
- **7** 1, 1.5, 2, 2.5, 3, 3.5
- **8** −10, −6, −2, 2, 6
- **9** 2, 6, 12, 20, 30, 42
- **10** $\frac{1}{4}, \frac{1}{2}, \frac{3}{4}, 1, 1\frac{1}{4}$
- **11** 1000, 901, 802, 703, 604
- **12** 67, 56, 45, 34, 23
- **13** 14
- **14** 20
- **15** 50
- **16** 2n

B
- **1** −3, −1, 1, 3, 5, 7
- **2** 0.7, 0.9, 1.1, 1.3, 1.5

Answers

3 $\frac{1}{4}, \frac{3}{4}, 1\frac{1}{4}, 1\frac{3}{4}, 2\frac{1}{4}$ **4** 2, 4, 7, 11, 16, 22
5 21, 42, 63, 84, 105   **6** −33, −23, −13, −3, 7
7 36   **8** 60   **9** 400   **10** $4n$ **11** red
12 yellow   **13** yellow   **14** red

C

1 6.0, 7.5, 9.0   **2** 28, 10, −8   **3** −2, −5, −8   **4** 1, $\frac{5}{8}, \frac{2}{8}$
5 2.4, −0.1, −2.6   **6** 1.6, 3.2, 6.4   **7** $7n$ **8** $2n+1$
9 n^2 **10** $-2n$ **11** yellow   **12** red   **13** yellow   **14** blue

Page 63

A

1 A 4   B 2   C 3   D 6   E 2   F 2
3 B, E, F (allow A and D also)   **4** (a) C   (b) A   (c) D

B

Lines of Symmetry	3	5	6	8	10
Angle	60°	36°	30	22.5°	18°

Page 64

A

1 square   **2** (a) square   (b) square
                     rectangle   rectangle
                     rhombus   rhombus
                     kite   parallelogram
3 (a) square, rectangle   (b) square, rhombus
   (c) rectangle, parallelogram   **4** (a) trapezium   (b) kite

B

3 (a) none   (b) rhombus, parallelogram   (c) rhombus, kite

C

1 trapezium   **2** (a) parallelogram   (b) rhombus   (c) trapezium
   (d) rectangle   (e) parallelogram

Page 65

A

1 3.2 cm   **2** 7.6 cm   **3** 81 mm   **4** 25 mm   **5** 5.8 m
6 1.9 m   **7** 30 cm   **8** 420 cm   **9** 6.7 km   **10** 5.5 km
11 3800 m   **12** 2400 m   **13** metres   **14** grams   **15** millilitres
16 millimetres

B

1 2.86 m   **2** 6.39 m   **3** 63 cm   **4** 907 cm   **5** 3.15 km
6 7.24 km   **7** 2580 m   **8** 4910 m   **9** 1.18 kg   **10** 8.07 kg
11 6520 g   **12** 5730 g   **13** kilograms   **14** litres   **15** centimetres
16 kilometres

C

1 1.272 km   **2** 6.618 km   **3** 3905 m   **4** 8586 m
5 5.124 kg   **6** 2.851 kg   **7** 363 g   **8** 9043 g
9 4.715 litres   **10** 9.397 litres   **11** 139 ml   **12** 4145 ml
13 0.3 m   **14** 1 000 000 g   **15** 0.45 litres
16 0.1 km

Page 66

A

1 (a) 10   (b) 5   (c) 5   (d) 8   (e) 6   (f) 4
   (g) 23   (h) 33

2

Portions of fruit	1	2	3	4	5	6
Frequency	1	3	5	11	8	2

Page 67

B

1 (a) 5   (b) 2   (c) 30   (d) 30   (e) 82
   (f) Kelvin is not right. 40 out of 82 is less than half.   (g) 172

2

Lengths	1–5	6–10	11–15	16–20	21–25
Frequency	5	7	11	4	3

C

1 (a) 35   (b) 85   (c) $\frac{1}{6}$ (d) $\frac{1}{2}$ (e) $\frac{1}{4}$

Activity (Minutes)	1–10	11–20	21–30	31–40	41–50	51–60
Frequency	3	8	11	13	9	6

Page 68

A

1 (a) 4800 m   (b) 1600 m   (c) 9600 m   (d) 6400 m
   (e) 8000 m   (f) 3200 m   **2** (a) 3.1 miles   (b) 1.9 miles
   (c) 6.25 miles   (d) 0.5 miles   **3** mile   **4** 2.5 miles

Page 69

B

1 (a) 50 miles   (b) 75 miles   (c) 30 miles   (d) 95 miles
   (e) 10 miles   (f) 85 miles   **2** (a) 160 km   (b) 40 km
   (c) 128 km   (d) 96 km   (e) 29 km   (f) 72 km
3 2 gallons

C

1 (a) 32°F   (b) 77°F   (c) 59°F   (d) 21°F
   (e) 73°F (accept 74°F)   (f) 41°F   **2** (a) 30°C
   (b) −5°C   (c) 10°C   (d) −10°C   (e) 20°C
   (f) 27°C   **3** (a) Fahrenheit   (b) Celsius

Page 70

A

1 (a) 8   (b) 6   (c) 2   **2** (a) 15   (b) 10   (c) 20
3 (a) 5   (b) 10   (c) 15

Page 71

B

1 (a) 18   (b) 9   (c) 12   (d) 6   **2** (a) 24   (b) 4
   (c) $\frac{3}{8}$ of 32 = 12 $\frac{3}{8}$ of 48 = 18   (d) 10 more

C

1 (a) 6   (b) 12   **2** (a) 8   (b) 32
3 40% of 60 = 24   30% of 80 = 24
4 (a) 15   (b) 20   **5** (a) 8   (b) 14
6 20% of 50 = 10   25% of 40 = 10   Felicity is right.

Page 72

A

1 (a) 28   (b) 7   **2** (a) 20   (b) 4   **3** (a) 33   (b) 11
4 (a) 36   (b) 6   **5** (a) 7   (b) 2   (c) 4   (d) $4\frac{6}{7}$
6 (a) 7   (b) 1   (c) 2   (d) 3

B

1 (a) 5   (b) 7   (c) 6   (d) 6   **2** 6
3 43, 43, 46, x, 55 x can be any number in the range 46–55

Answers

C

1 (a) Impossible (b) Possible (c) Impossible (d) Impossible
2 25, 28, 29, 30

Page 73
A
7 (a) likely (b) unlikely (c) impossible (d) certain
   (e) unlikely (f) unlikely
8 (a) evens (b) evens (c) unlikely (d) evens

B
1 (a) is 1 in 6 (b) is 3 in 6 (b) is more likely
2 (a) is 1 in 2 (b) is 1 in 4 (a) is more likely
3 (a) is 1 in 4   HH
   (b) is 2 in 4   TT
   (b) is more likely   HT
                    TH
4 (a) likely (b) unlikely
5 (a) evens (b) evens
6 (a) unlikely (b) likely

C
1 (a) 1 (b) equal chance (c) 3 (d) odd

2
```
        d   bc  a      f           e
        ↓   ↓   ↓      ↓           ↓
   |————|———|———|——————|———————————|
 impossible         evens              certain
```

3 (a) heptagonal (b) hexagonal (c) hexagonal (d) heptagonal
   (e) hexagonal

Page 74
A
1 1.6 mm **2** 7.5 g **3** 2.5 mm or 0.25 cm
4 0.02 cm or 0.2 mm **5** 0.25 km or 250 m

B
1 0.15 g **2** 2.4 g **3** 0.05 cm or 0.5 mm **4** 140 ml **5** 30 m

C
1 0.2 g **2** 0.8 mm **3** 150 metres per sec. **4** 25 ml **5** 4.5 m

Page 75
A
1 138 ml **2** 150 g **3** 12 **4** 9 **5** 130 g **6** 3711 m

B
1 40 g **2** 3.64 km **3** £50 **4** 16 **5** 50 mm
6 5 min. 42 secs. **7** 75p

C
1 125 **2** 20 **3** 128 **4** 350g **5** 48 **6** 1250

Page 76
A
2 K 65° L 55° M 60° **4** 55°

B
2 N 78° O 113° P 82° Q 87° **4** 107° (allow +/− 2°)

C
1 (a) 101° (b) 79° (c) 42° (d) 50°

Page 77
A
1 60° **2** 120° **3** 310° **4** 150° **5** 50° **6** 30°
7 50° **8** 60°

B
1 235° **2** 323° **3** 63° **4** 287° **5** 70° **6** 45°
7 65° **8** 70°

C
1 236° **2** 143° **3** 66° **4** 60° **5** 41° **6** 67°
7 37° **8** 68°

Page 78
A
5 A(1, 7) C(5, 2) **6** (3, 1) (4, 3) (5, 5) (7, 9) (8, 11) etc.,

B
1 (1, 4) **2** (7, 6) **3** (4, 1) **4** (5, 5) **5** (2, 6) **6** (4, 5) (2, 3)

C
1 C (−1, −1) D (1, 0) E (2, 2) F (2, −1)
2 (1, −2) **3** (1, 0) **4** (2, 2) **5** (2, 1) (−2, 1) (−4, −3)

Page 80
B
1 (a) X (3, 5) Y (1, 4) (b) X (5, 3) Y (4, 5)
2 (a) X (2, 6) Y (0, 5) (b) X (6, 4) Y (5, 6)
3 (a) X (2, 5) Y (3, 4) (b) X (5, 4) Y (4, 3)
4 (a) X (3, 6) Y (2, 4) (b) X (6, 3) Y (4, 4)

C
1 (a) K (4, 0) (b) K (0, 0) **2** (a) P (3, 7) (b) P (1, 6)
   L (1, 0)   L (0, 3)   Q (5, 9)   Q (3, 8)
   M (7, 4)   M (5, 2)   R (4, 2)   R (5, 3)
   N (8, 1)   N (2, 1)   S (6, 1)   S (7, 2)

Page 81
A
1 (a) (6, 6) (6, 7) (7, 7) (7, 8) (8, 8) (8, 6)
   (b) (1, 6) (1, 7) (2, 7) (2, 8) (3, 8) (3, 6)
   (c) (4, 3) (4, 4) (5, 4) (5, 5) (6, 5) (6, 3)
2 (a) (1, 5) (2, 7) (2, 5) (b) (5, 3) (6, 5) (6, 3)
   (c) (0, 3) (1, 5) (1, 3)

B
1 (a) (2, 0) (1, 2) (3, 0) (b) (5, 4) (4, 6) (6, 4)
   (c) (1, 6) (0, 8) (2, 6) (d) (7, 1) (6, 3) (8, 1)
2 (a) (5, 7) (6, 8) (7, 8) (7, 6) (b) (1, 2) (2, 3) (3, 3) (3, 1)
   (c) (6, 1) (7, 2) (8, 2) (8, 0) (d) (0, 6) (1, 7) (2, 7) (2, 5)

C
2 (a) (1, 4) (0, 6) (2, 7) (b) (7, 0) (6, 2) (8, 3)
   (c) (2, 0) (1, 2) (3, 3) (d) (6, 5) (5, 7) (7, 8)
4 (a) (5, 2) (6, 3) (8, 1) (7, 0) (b) (0, 6) (1, 7) (3, 5) (2, 4)
   (c) (4, 7) (5, 8) (7, 6) (6, 5) (d) (1, 3) (2, 4) (4, 2) (3, 1)

Page 82
A
1 (a) 10 (b) 15 (c) 21
2 2 triangles, 11 squares   6 triangles, 8 squares
   10 triangles, 5 squares   14 triangles, 2 squares

B
1 (a) 45 (b) 190 **2** (a) 12 (b) 20 (c) 90 **3** $f = a^2 - a$

Answers

4 6 heptagons, 7 octagons
5 12 heptagons, 2 octagons   4 heptagons, 9 octagons

C

1 (a) 24   (b) 40   (c) 60   (d) 180
2 $j = 2(v^2 - v)$ or $2v^2 - 2v$, $(v^2 - v) \times 2$, etc
3 9 lollies, 13 ices   22 lollies, 4 ices

Page 83

A

1 $4\frac{1}{2}$ **2** $2\frac{2}{5}$ **3** $3\frac{1}{3}$ **4** $\frac{5}{6}$ **5** $\frac{2}{3}$ **6** $\frac{3}{4}$
7 $\frac{1}{3}$ **8** $\frac{3}{12}$ **9** $\frac{9}{12}$ **10** $\frac{4}{8}$ **11** $\frac{4}{6}$

B

1 $4\frac{1}{3}$ **2** $2\frac{2}{3}$ **3** $3\frac{3}{4}$ **4** $2\frac{5}{6}$ **5** $2\frac{1}{2}$ **6** $8\frac{1}{3}$
7 $3\frac{1}{3}$ **8** $12\frac{1}{2}$ **9** $2\frac{1}{2}$ **10** $1\frac{3}{4}$ **11** $4\frac{5}{6}$ **12** $3\frac{2}{3}$
13 $\frac{1}{3}$ **14** $\frac{1}{4}$ **15** $\frac{2}{3}$ **16** $\frac{2}{5}$ **17** $\frac{3}{5}$ **18** $\frac{2}{5}$
19 $\frac{3}{10}$ **20** $\frac{1}{2}$ **21** $\frac{1}{3}$ **22** $\frac{4}{5}$ **23** $\frac{5}{6}$ **24** $\frac{3}{4}$
25 $\frac{1}{4}$ **26** $\frac{3}{4}$ **27** $\frac{3}{5}$ **28** $\frac{2}{3}$

C

1 $6\frac{1}{4}$ **2** $5\frac{5}{7}$ **3** $4\frac{4}{9}$ **4** $6\frac{1}{4}$ **5** 350g   **6** 1 m 80 cm
7 £1.65   **8** £9.75   **9** $1\frac{1}{4}$ **10** $1\frac{7}{8}$ **11** $2\frac{1}{2}$ **12** $3\frac{1}{8}$
13 $\frac{5}{7}$ **14** $\frac{9}{10}$ **15** $\frac{5}{8}$ **16** $\frac{9}{25}$ **17** $\frac{7}{10}$ **18** $\frac{3}{4}$
19 $\frac{7}{20}$ **20** $\frac{4}{5}$ **21** $\frac{1}{3}$ **22** $\frac{17}{20}$ **23** $\frac{3}{10}$ **24** $\frac{3}{4}$
25 $\frac{4}{7}$ **26** $\frac{4}{5}$ **27** $\frac{6}{7}$ **28** $\frac{5}{8}$

Page 84

A

1 (a) $\frac{50}{100}, \frac{8}{16}$ (b) $\frac{1}{6}, \frac{3}{8}, \frac{4}{9}, \frac{5}{12}, \frac{20}{50}$ (c) $\frac{6}{10}, \frac{3}{5}, \frac{11}{20}$
2 >   **3** <   **4** <   **5** >   **6** <   **7** >
8 <   **9** >   **10** $\frac{9}{15}, \frac{5}{8}, \frac{16}{25}, \frac{13}{20}$

B

1 $\frac{2}{12}, \frac{1}{4}, \frac{1}{3}$ **2** $\frac{4}{10}, \frac{1}{2}, \frac{11}{20}$ **3** $\frac{2}{3}, \frac{11}{15}, \frac{4}{5}$ **4** $\frac{1}{2}, \frac{4}{6}, \frac{9}{12}$
5 $\frac{1}{5}, \frac{3}{10}, \frac{1}{2}$ **6** $\frac{3}{20}, \frac{1}{4}, \frac{2}{5}$ **7** e.g. $\frac{3}{14}$ **8** e.g. $\frac{7}{12}$
9 e.g. $\frac{11}{16}$ **10** e.g. $\frac{7}{20}$ **11** e.g. $\frac{19}{24}$ **12** e.g. $\frac{9}{10}$
13 $\frac{5}{9}, \frac{4}{7}, \frac{2}{3}$ **14** $\frac{9}{11}, \frac{5}{6}, \frac{13}{15}$ **15** $\frac{3}{8}, \frac{7}{18}, \frac{5}{12}$ **16** $\frac{9}{24}, \frac{3}{7}, \frac{6}{13}$

C

1 $\frac{4}{12}, \frac{1}{2}, \frac{2}{3}, \frac{3}{4}$ **2** $\frac{1}{4}, \frac{3}{10}, \frac{3}{8}, \frac{2}{5}$ **3** $\frac{2}{5}, \frac{1}{2}, \frac{6}{10}, \frac{3}{4}$ **4** $\frac{1}{6}, \frac{2}{9}, \frac{1}{4}, \frac{1}{3}$
5 $\frac{4}{9}, \frac{1}{2}, \frac{2}{3}, \frac{5}{6}$ **6** $\frac{3}{6}, \frac{5}{8}, \frac{2}{3}, \frac{3}{4}$ **7** $\frac{9}{20}$ **8** $\frac{5}{9}$
9 $\frac{3}{8}$ **10** $\frac{3}{4}$ **11** $\frac{1}{3}$ **12** $\frac{7}{24}$
13 $\frac{5}{7}, \frac{8}{11}, \frac{7}{9}, \frac{5}{6}$ **14** $\frac{5}{9}, \frac{5}{8}, \frac{9}{14}, \frac{2}{3}$ **15** $\frac{2}{7}, \frac{4}{13}, \frac{5}{16}, \frac{3}{8}$ **16** $\frac{2}{9}, \frac{1}{4}, \frac{7}{25}, \frac{4}{11}$

Page 85

A

1 (a) 125g rice   (b) 500g rice
      1 egg   4 eggs
      3 spring onions   12 spring onions
      2 mushrooms   8 mushrooms
2 (a) 15   (b) 27   **3** (a) 16   (b) 24   **4** 12

B

1 (a) 120 g cheese   (b) 400 g cheese
     150 g macaroni   500 g macaroni
     45 g flour   150 g flour
     30 g butter   100 g butter
     375 ml milk   1250 ml milk
2 30 minutes   **3** 80 cm   **4** 48   **5** 20

C

1 (a) 375 g flour   (b) 200 g flour
     30 g sugar   16 g sugar
     90 g cheese   48 g cheese
     300 ml milk   160 ml milk
2 64 cm, 96 cm   **3** 75   **4** 36

Page 86

A

1 (a) $\frac{1}{2}$ (b) 0.5   (c) 50%   **2** (a) $\frac{35}{100}$ (b) 0.35   (c) 35%
3 (a) $\frac{1}{4}$ (b) 0.25   (c) 25%   **4** (a) $\frac{67}{100}$ (b) 0.67   (c) 67%
5 (a) $\frac{3}{10}$ (b) 0.3   (c) 30%   **6** (a) $\frac{3}{5}$ (b) 0.6   (c) 60%
7 (a) $\frac{4}{100}$ (b) 0.04   (c) 4%   **8** (a) $\frac{9}{10}$ (b) 0.9   (c) 90%
9 (a) $\frac{19}{100}$ (b) 0.19   (c) 19%   **10** (a) $\frac{3}{4}$ (b) 0.75   (c) 75%
11 (a) 50%   (b) 25%   (c) 15%   **12** 10%

Page 87

B

1

Fractions	Decimals	%ages
$\frac{3}{10}$	0.3	30%
$\frac{46}{100}$	0.46	46%
$\frac{1}{4}$	0.25	25%
$\frac{7}{10}$	0.7	70%
$\frac{9}{100}$	0.09	9%
$\frac{6}{10}$	0.6	60%
$\frac{1}{2}$	0.5	50%
$\frac{83}{100}$	0.83	83%
$\frac{3}{100}$	0.03	3%
$\frac{11}{50}$	0.22	22%
$\frac{7}{20}$	0.35	35%
$\frac{3}{25}$	0.12	12%

2 76%   **3** 40%   **4** 70%   **5** 50%   **6** 48%   **7** 2%
8 80%   **9** 75%   **10** 55%

C

1 (a) 0.9   (b) 90%   **2** (a) 0.46   (b) 46%
3 (a) 0.6   (b) 60%.   **4** (a) 0.78   (b) 78%
5 (a) 0.28   (b) 28%   **6** (a) 0.99   (b) 99%
7 (a) 0.45   (b) 45%   **8** (a) 0.47   (b) 47%
9 (a) $\frac{31}{50}$ (b) 0.62   **10** (a) $\frac{3}{10}$ (b) 0.3
11 (a) $\frac{3}{20}$ (b) 0.15   **12** (a) $\frac{43}{100}$ (b) 0.43
13 (a) $\frac{16}{25}$ (b) 0.64   **14** (a) $\frac{4}{5}$ (b) 0.8
15 (a) $\frac{1}{8}$ (b) 0.125   **16** (a) $\frac{1}{40}$ (b) 0.025

Answers

17

Name	Joy	Di	Pat	Sue	Fay	Eve	Liz
Shots	25	24	20	30	36	26	25
Goals	16	15	13	21	27	13	15
%age Scored	64%	62.5%	65%	70%	75%	50%	60%
%age Missed	36%	37.5%	35%	30%	25%	50%	40%

18 10 ticks, 16 crosses, 6 circles, 8 blank

Page 88
A
1 6 **2** 8 **3** 7 cm **4** 5 p **5** 6 m
6 24 **7** 14 **8** 10 p **9** £12 **10** 27 m
11 5 **12** 12 **13** 6 p **14** 10 cm **15** 20 p
16 14 **17** 16 **18** 150 g **19** 3 m **20** 80 ml

B
1 35 **2** 16 **3** 42 **4** 80 p **5** 36 cm
6 £45 **7** 13.5 **8** 28 **9** 3.5 **10** 75 g
11 40 ml **12** £2.40 **13** Eden, 4 marks **14** 105
15 72 **16** 56 **17** 52

C
1 250 **2** 3.5 m **3** 640 ml **4** 80 p **5** 1.5 kg
6 375 m **7** £6.12 **8** £4.50 **9** 220 ml **10** £4.95
11 75g **12** 20 cm **13** 23 **14** £9000 **15** £175
16 540

Page 89
A
1 < **2** > **3** < **4** > **5** 7.5
6 3.58 **7** 2.45 **8** 6.25 **9** 0.75 **10** 1.27
11 3.16 + 0.5 **12** 0.92 + 0.07 **13** 5.74 **14** 2.31 **15** 0.33 − 0.3
16 4.07 − 0.07

B
1 0.847, 8.247, 8.47, 84.7 **2** 1.169, 1.69, 6.119, 6.19
3 0.307, 0.37, 2.07, 3.2 **4** 4.565, 4.66, 5.446, 5.644
5 4.385 **6** 1.315 **7** 0.15 **8** 1.925 **9** 0.936
10 2.687 **11** 5.201 + 0.007 **12** 1.054 + 0.006 **13** 0.423
14 4.643 **15** 1.086 − 0.08 **16** 0.714 − 0.004

C
1 2.2, 2.22, 2.222, 22.2 **2** 1.114, 1.4, 1.414, 1.44
3 6.06, 6.6, 6.606, 6.66 **4** 1.117, 1.17, 1.7, 1.717
5 0.923 **6** 2.125 **7** 4.665 **8** 0.225 **9** 0.006
10 0.7 **11** 0.015 **12** 0.18 **13** 0.08 **14** 1.3
15 0.05 **16** 0.102

Page 90
A
1 4.0 **2** 1.1 **3** 3.6 **4** 0.37 **5** 1.6
6 2.6 **7** 0.15 **8** 0.5 **9** 0.08 + 0.04
10 3.5 + 2.5 **11** 9 − 0.3 **12** 4.3 − 1.5 **13** 0.07 × 6 **14** 0.36 × 10
15 2.4 ÷ 4 **16** 0.21 ÷ 3 **17** 0.9 **18** 0.29 **19** 5.2
20 1.9 **21** 0.09 **22** 0.08 **23** 7 **24** 4

B
1 12.0 **2** 1.435 **3** 2.28 **4** 3.23 **5** 0.68
6 0.19 **7** 0.087 **8** 0.006 **9** 0.006 + 0.024
10 1.36 + 1.64 **11** 3.59 − 1.8 **12** 6.3 − 0.012 **13** 0.009 × 1000
14 0.096 × 2 **15** 0.48 ÷ 3 **16** 2.1 ÷ 6 **17** 1.26
18 0.057 **19** 8.1 **20** 0.07 **21** 0.19 **22** 0.015
23 5.2 **24** 9.5

C
1 1.294 **2** 1.01 **3** 0.853 **4** 5.041 **5** 4
6 2.128 **7** 0.073 **8** 0.06 **9** 3.575 + 1.425
10 0.729 + 1.74 **11** 2.158 − 1.19 **12** 10 − 4.561
13 0.125 × 6 **14** 0.204 × 100 **15** 3.43 ÷ 7
16 0.12 ÷ 30 **17** 0.045 **18** 4.37 **19** 0.25 **20** 4.21
21 0.027 **22** 0.36 **23** 1.26 **24** 1.0

Page 91
A
1 2.8 **2** 7.3 **3** 0.45 **4** 0.73 **5** 4.5
6 0.28 **7** 0.73 **8** 7.3 **9** 0.6 **10** 0.06
11 4.8 **12** 0.48 **13** 0.8 **14** 0.08 **15** 0.48
16 4.8

B
5 £2.70 **6** £8.70 **7** 2.6 kg **8** 0.2 litres **9** 58.8 km

C
3 1.85 kg **4** 0.64 m **5** £2.45 **6** 0.6 litres **7** 0.95 miles

Page 93
A
1 145.4 thousand km² **2** 6.8 cm **3** 22.8 litres **4** 75.1 kg
5 12.8 km **6** £23.50

B
1 1.45 kg **2** £204 **3** £42.60 **4** 27.3 litres
5 78.7 million km **6** 4.6 kg

C
1 1.35 kg **2** £120.96 **3** 162.75 kg **4** 841 000 **5** 64 727 000
6 0.835 litres

Page 94
A
1 8100 m² **2** 4 **3** £3.65 **4** 6 **5** 30 cm **6** 19.8kg

B
1 43 200 **2** 560 **3** 1.7 litres **4** 9 **5** 70 g
6 Joyce £25.31 Jack £38.09

C
1 23 cm **2** 36 **3** 300 ml **4** £2.53 **5** 3.375 km

Page 95
A
1 0.5g **2** 3.9 m **3** 2kg **4** 2.6 litres

B
1 20.8 m² **2** 0.48 g **3** 0.05 m per sec. **4** 25 days
5 0.43 litres

C
1 0.15 g **2** 1.713 litres **3** 0.125 g **4** 80 beats per minute
5 0.5 km

Page 96
A
1 49, 58, 76, 85, 94 **2** 39, 48, 57, 66, 75, 84, 93
3 Abby blackcurrant
Bilal cola
Carol orange
Dan lemonade

Answers

B

1 (a) 6   (b) 10
2 Amber   news
  Belle   sports
  Cherry puzzle
  Dani   interview
  Emma   fashion

C

1 (a) 20   (b) 35
2 Ayub   put up tent
  Ben   collect firewood
  Carl   cook
  Derek   wash up
  Ewan   shopping
  Finn   tidy site

Page 97

A

1 $w = 3t$ 2 $w = 4c$ 3 $s = 2p$ 4 $h = 24d$
5 $m = 60h$ 6 $y = 100c$ 7 $c = 4d$ 8 $w = 80m$
9 $b = 68m$ 10 $m = 400l$ 11 $c = 24 + 3g$ 12 $c = 6a + 9$
13 $c = 6a + 3b$ 14 $c = 6m + 2g + 24$

B

1 £x = 1.4x Euros   £x = 233x yen   £x = 0.6x lira   £x = 20x pesos
  £x = 13.3x rand   £x = 2.4x francs   £x = 1.9x dollars
2 kroner   110, 1100, 5500
  Euros   14, 140, 700
  yen   2330, 23 300, 116 500
  lira   6, 60, 300
  pesos   200, 2000, 10 000
  rand   133, 1330, 6650
  francs   24, 240, 1200
  dollars 19, 190, 950

C

1 £0.09 or 9 p
2 k kroner = £0.09 k
  The following answers use the exchange rates given in the book.
3 e Euros = £0.71e
  y yen = £0.004y
  l lira = £1.67l
  p pesos = £0.05p
  r rand = £0.08 r or £0.075r
  f francs = £0.42f
  d dollars = £0.53d
4 £42.60   5 £27   6 £200   7 £133.60   8 £189
9 £800   10 £4000   11 £36.04
12 x Euros = 1.357 x dollars or 1.36 x dollars

Page 98

A

1 True   2 False   3 False   4 False   5 False
6 True   7 True   8 True   9 7×3 10 $2 \times 2 \times 3$
11 3×5 12 $7 \times 2 \times 2$ 13 $2 \times 2 \times 5$ 14 $2 \times 2 \times 2 \times 2$
15 $3 \times 2 \times 3$ 16 $2 \times 3 \times 11$

B

1 False   2 True   3 False   4 False   5 True
6 False   7 True   8 True   9 True   10 False
11 False   12 True   13 2, 3, 5   14 2, 2, 11   15 3, 17
16 2, 2, 3, 3   17 3, 3, 11   18 2, 19   19 2, 5, 7   20 2, 2, 2, 2, 2

C

1

No.	Divisible By					
	3	4	5	6	8	9
336	✔	✔	✗	✔	✔	✗
740	✗	✔	✔	✗	✗	✗
675	✔	✗	✔	✗	✗	✔
207	✔	✗	✗	✗	✗	✔
168	✔	✔	✗	✔	✔	✗
825	✔	✗	✔	✗	✗	✗
780	✔	✔	✔	✔	✗	✗
344	✗	✔	✗	✗	✔	✗
432	✔	✔	✗	✔	✔	✔
552	✔	✔	✗	✔	✔	✗

2 $325 \div 5 = 65$ 3 $332 \div 4 = 83$ 4 $279 \div 9 = 31$ 5 $471 \div 3 = 157$
6 $512 \div 8 = 64$ 7 $414 \div 6 = 69$ 8 $756 \div 9 = 84$

Page 99

A

5 18   6 $18 \div 3 + 2$ 7 $8 \times 4 - 4$ 8 $40 \div 5 - 2$ 9 $6 \times 8 + 7$

B

5 11   6 24   7 25   8 52   9 41

C

5 75   6 $16 + (240 \div 8)$ 7 $76 + (6 \times 9)$ 8 $54 - (72 \div 12)$
9 $200 - (16 \times 7)$

Page 100

1 cuboid   2 cylinder
3 tetrahedron   4 hexagonal based prism
5 cube   6 pentagonal based prism
7 cone   8 hemisphere
9 square based pyramid   10 sphere
11 triangular based prism   12 octahedron
13 cube   14 tetrahedron, octahedron
15 triangular based prism   16 square based pyramid
17 2, rectangular
18 A cuboid has 2 identical rectangular end faces and 4 more
   identical rectangular faces.
   A cube has 6 identical square faces.
   A pentagonal based prism has 2 identical pentagonal end faces and
   5 indentical rectangular faces. An hexagonal based prism has 2
   identical hexagonal end faces end 6 identical rectangular faces.

Page 101

B

1

Name	Faces	Edges	Vertices
triang.prism	5	9	6
octahedron	8	12	6
cuboid	6	12	8
hexag.prism	8	18	12
sq. based pyramid	5	8	5
cube	6	12	8
pentag.prism	7	15	10
tetrahedron	4	6	4

2 Edges = (Faces + Vertices) −2   3 (a) 30   (b) decagon
4 (a) and (b) triangular based prism, cuboid, hexagonal based
       prism, square based pyramid, cube, pentagonal based prism
  (c) octahedron, tetrahedron

Answers

5 triangular based prism   1
   octahedron   4
   cuboid   3
   hexagonal based prism   4
   square based pyramid   0
   cube   3
   pentagonal based prism   1
   tetrahedron   0
6 triangular based prism   6
   octahedron   0
   cuboid   12
   hexagonal based prism   12
   square based pyramid   0
   cube   12
   pentagonal based prism   10
   tetrahedron   0
7 octahedron

C

1 (a) 4 trapeziums, 2 squares   (b) square based pyramid
2 (a) 2 cuboids
3 (a) tetrahedron   (b) 3 trapeziums, 2 triangles
4 (a) cone   (b) 2 circles, (sloping) cylinder
5 (a) 2 square based pyramids
6 (a) triangular based prism   (b) trapezoid based prism
7 (a) triangular based prism   (b) trapezoid based prism
8 (a) triangular based prism   (b) pentagonal based prism
9 (a) 2 triangular prisms

Page 102

B

3 $d = 2r$

Page 103

A

1 12 kg, 14.5 kg   2 750 g, 1500 g
3 2.3 kg, 2.8 kg   4 100 g, 300 g
5 250 ml, 625 ml   6 1 litre, 1.5 litres
7 5.7 cm, 6.8 cm   8 28 cm, 42 cm
9 50 ml, 125 ml   10 250 ml, 375 ml

B

1 X = b, Y = f   2 X = d, Y = g   3 X = d, Y = h   4 X = c, Y = f
5 X = b, Y = e

C

1 X = a, Y = f   2 X = b, Y = d   3 X = c, Y = i   4 X = b, Y = g
5 X = b, Y = g

Page 104

A

1 (a) 7   (b) Thursday   (c) 5   (d) 3   (e) 45

4
Pages	1	2	3	4	5
Frequency	2	6	10	8	4

Page 105

B

1 (a) 25   (b) Thursday   (c) 60   (e) 400   (f) 70
2 (a) 8   (b) 23   (c) 2   (d) 21
(e)
Fish	1–5	6–10	11–15	16–20	21–25
Frequency	7	16	8	6	3

C

1 (a) 33   (b) 24   (c) 72   (d) $\frac{1}{4}$ (e) $\frac{1}{3}$

2
Time (mins.)	1–15	16–30	31–45	46–60	61–75	76–90
Frequency	3	2	5	5	5	10

3 (a) $\frac{2}{3}$ (b) $\frac{1}{2}$

Page 106

A

1 Allow +/–10 p
   (a) £3.60   (b) £5.40   (c) £7.70   (d) £8.50
   (e) £4.90   (f) £0.50
2 Allow +/– 10 rupees
   (a) 620 rupees   (b) 360 rupees   (c) 780 rupees   (d) 580 rupees
   (e) 160 rupees   (f) 510 rupees
3 700 rupees (allow +/–10 rupees)

Page 107

B

1 Allow +/– 0.1 gallons.
   (a) 4.0 gallons   (b) 2.2 gallons   (c) 7.1 gallons   (d) 5.8 gallons
   (e) 8.0 gallons   (f) 0.9 gallons
2 Allow +/– 1 litre
   (a) 9 litres   (b) 37 litres   (c) 27 litres   (d) 17 litres
   (e) 45 litres   (f) 1 litre
3 35

C

2 Allow +/– 1 Euro
   (a) €140   (b) €42   (c) €112   (d) €14
   (e) €70   (f) €87
3 Allow +/– £0.50
   (a) £50   (b) £71.50   (c) £20   (d) £90
   (e) £60   (f) £31.50
4 (a) 50%   (b) 70%   (c) 95%   (d) 40%
   (e) 85%   (f) 55%

Page 108

A

1 (a) 9   (b) 36   (c) 27
2 (a) 15   (b) 10   (c) 5
3 (a) 250   (b) 500   (c) 750   (d) 1000

Page 109

B

1 (a) 20   (b) 60   2 (a) 30   (b) 60
3 On Oak Farm 80 acres is used for wheat. (40% of 200 acres)
   On Ash Farm 90 acres is used for wheat. (30% of 300 acres)
4 (a) 32   (b) 12

C

1 (a) £120   (b) £180   2 £550
3 Debra is right.
   In England the hotel cost £240.   (40% of £600)
   In Spain the hotel cost £250.   (25% of £1000)
5 (a) 74   (b) 18

Page 110

A

1 (a) range 4   (b) mode 1   (c) median 1.5   (d) mean 1.75
2 (a) range 13 kg   (b) mode 37 kg   (c) median 37 kg   (d) mean 35 kg
3 (a) range 5.4 kg (b) mode 12.3 kg (c) median 12.3 kg (d) mean 13 kg

Answers

B

1

	Carpet	Tiles
Median	5.1N	1.5N
Mean	5.6N	1.9N

C

1 (a) Possible (b) Impossible (c) Impossible (d) Possible
2 75, 45

Page 111

A

1 likely, $\frac{3}{4}$ 2 unlikely, $\frac{1}{4}$ 3 certain, 1   4 evens, $\frac{1}{2}$
5 unlikely, $\frac{1}{4}$ 6 likely, $\frac{11}{12}$ 7 unlikely, $\frac{1}{3}$ 8 likely, $\frac{3}{5}$

B

7 (a) Kelly's spinner (b) Matilda's spinner (c) Kelly's spinner
(d) equal chance (e) equal chance

C

1 $\frac{1}{4}$ 2 $\frac{1}{2}$ 3 $\frac{1}{52}$ 4 $\frac{1}{5}$ 5 $\frac{16}{50}$ 6 $\frac{4}{5}$
7 $\frac{1}{8}$ 8 $\frac{3}{8}$ 9 $\frac{3}{8}$ 10 $\frac{3}{5}$ 11 $\frac{2}{5}$ 12 $\frac{1}{5}$

Page 112

A

1 2 mm = 0.2 cm   2 463 cm = 4.63 m
3 5800 m = 5.8 km   4 600 g = 0.6 kg
5 5170 ml = 5.17 litres   6 79 mm = 7.9 cm
7 27 cm = 0.27 m   8 16 700 m = 16.7 km
9 1800 g = 1.8 kg   10 290 ml = 0.29 litres
11 15 cm 3 mm = 15.3 cm   12 5 m 80 cm = 5.8 m
13 0 km 900 m = 0.9 km   14 12 kg 40 g = 12.04 kg
15 3 litres 400 ml = 3.4 litres 16 4 cm 0 mm = 4.0 cm
17 19 m 24 cm = 19.24 m   18 2 km 350 m = 2.35 km
19 7 kg 600 g = 7.6 kg   20 2 litres 680 ml = 2.68 litres
21 kilometres   22 grams   23 centimetres   24 millilitres
25 millimetres   26 kilograms 27 metres   28 litres

Page 113

B

1 19 m 37 cm = 1937 cm   2 0 m 620 mm = 620 mm
3 4 km 75 m = 4075 m   4 3 kg 600 g = 3600 g
5 72 litres 500 ml = 72 500 ml 6 206 cm = 2 m 6 cm
7 80 mm = 0 m 80 mm   8 136 m = 0 km 136 m
9 45 g = 0 kg 45 g   10 6185 ml = 6 litres 185 ml
11 0 m 4 cm = 0.04 m   12 0 m 975 mm = 0.975 m
13 0 km 9 m = 0.009 km   14 72 kg 50 g = 72.05 kg
15 0 litres 390 ml = 0.39 litres 16 81.5 m = 81 m 50 cm
17 31.4 m = 31 m 400 mm   18 52.83 km = 52 km 830 m
19 0.185 kg = 0 kg 185 g   20 0.005 litres = 0 litres 5 ml
21 kg   22 m^2 23 ml   24 mm
25 g   26 km   27 litres   28 cm

C

1 8.9 km   2 0.5 cm   3 2000 mm   4 0.13 m
5 0.01 litres   6 600 ml   7 40 000 g   8 20 g
9 960 ml, 6600 ml, 6.9 litres, 9 litres
10 2.24 litres, 2400 ml, 4020 ml, 4.2 litres
11 0.5 kg, 580 g, 0.8 kg, 850 g
12 1117 g, 1.17 kg, 1177 g, 1.7 kg
13 0.005 km, 5005 mm, 5.5 m, 555 cm
14 77000 cm, 0.772 km, 2.27 km, 2700 m
15 0.808 m, 88 cm, 888 mm, 0.008 km
16 3334 mm, 334 cm, 3.4 m, 0.033 km

Page 114

A

1 yards   2 pounds   3 inches   4 pints
5 miles   6 ounces   7 feet   8 gallons
9 25 cm   10 60 cm   11 9 m   12 3.2 km
13 90 g   14 2 kg   15 2.4 litres   16 9 litres
17 5 feet   18 2.5 miles   19 6.6 pounds   20 2 pints

B

1 9 inches   2 10 gallons   3 200 pounds   4 60 feet
5 10 cm   6 1.8 m   7 4.5 m   8 160 km
9 120 g   10 10 kg   11 3 litres   12 90 litres
13 40 inches   14 50 miles   15 11 pounds   16 20 pints

C

1 >   2 >   3 <   4 >   5 <   6 >
7 <   8 <   9 >   10 >   11 >   12 <
13 (a) 220 (b) 31 (c) 11 (d) 57
14 (a) 2.0 (b) 1.1 (c) 3.1 (d) 4.0

Page 115

A

1 75 g, 150 g   2 0.25 kg, 0.75 kg   3 4.1 cm, 4.6 cm
4 20 g, 35 g   5 50 ml, 300 ml   6 0.5 litres, 1.25 litres
7 36.8 kg, 37.6 kg   8 7 cm, 23 cm   9 300 ml, 700 ml
10 0.5 litres, 0.75 litres

B

1 52 g, 72 g   2 6.5 cm, 9.5 cm   3 0.62 m, 0.66 m
4 10.75 kg, 11.5 kg   5 0.75 litres, 1.5 litres   6 1.125N, 1.75N
7 0.89 kg, 1.04 kg   8 0.12 m, 0.34 m   9 125 ml, 675 ml
10 0.15 litres, 0.32 litres

C

1 62.5 g, 312.5 g   2 0.125 kg, 0.75 kg   3 0.65 m, 0.8 m
4 0.212 kg, 0.218 kg   5 5.9 N, 7.7 N   6 0.375 litres, 0.7 litres
7 0.266 kg, 0.276 kg   8 0.425 kg, 0.625 kg   9 0.05 litres, 0.125 litres
10 62.5 ml, 400 ml

Page 116

A

1 4 km   2 127 ml   3 80 g   4 4.1m   5 125

B

1 £93.80   2 1.14 kg   3 25.2 litres   4 97 cm   5 9.6 g
6 600 g

C

1 £3.56   2 −9.2°C   3 10   4 1600   5 £3.60
6 43 200

Page 117

A

1

L	cm	6	7	10	9
W	cm	5	4	5	6
P	cm	22	22	30	30
A	cm^2	30	28	50	54

Answers

B

1. (a) 48 cm², 80 cm² (b) 24 cm², 40 cm² **2** 1710 cm²
3. 130 m   **4** £432   **5** 384

C

1. 31.5 cm², 56 cm²   **2** 30 cm by 20 cm by 15 cm
3. (a) 92 m² (b) 300 m² (c) 96 m (d) 480

Page 118

A

1 120°	**2** 70°	**3** 145°	**4** 85°	**5** 260°	**6** 120°
7 285°	**8** 45°	**9** 60°	**10** 30°	**11** 55°	**12** 75°
13 45°	**14** 90°	**15** 135°	**16** 225°	**17** 270°	**18** 180°
19 315°	**20** 135°				

Page 119

B

1 104°	**2** 34°	**3** 131°	**4** 56°	**5** 234°	**6** 261°
7 142°	**8** 196°	**9** 79°	**10** 42°	**11** 65°	**12** 68°
13 90°	**14** 30°	**15** 120°	**16** 330°	**17** 60°	**18** 270°
19 150°	**20** 300°				

C

1 27°	**2** 87°	**3** 59°	**4** 36°	**5** 79°
6 58°	**7** 104°	**8** 72°	**9** 56°	**10** (j) 75°
(k) 51°	**11** (l) 56°	(m) 55°	**12** (n) 66°	(o) 48°
13 90°	**14** 60°	**15** 6°	**16** 36°	**17** 270°
18 120°	**19** 348°	**20** 30°		

Page 122

A

1. D 105°   E 85°   F 95°   G 75°
2. (a) 60° (b) 90 (c) 120°

B

1.

Shape	Side	Internal Angle	Sum of Angles
equilateral triangle	3	60°	180°
square	4	90°	360°
regular pentagon	5	108°	540°
regular hexagon	6	120°	720°
regular heptagon	7	128.71°	900°
regular octagon	8	135°	1080°

2. (a) 140° (b) 144°

C

1. (a) 114° (b) 81° (c) 44° (d) 55°

Page 123

A

1 $5\frac{3}{10}$	**2** 30°	**3** 20	**4** 18	**5** $7\frac{1}{4}$
6 6	**7** $\frac{7}{8}$	**8** 2.8	**9** 2.4	**10** 0.4
11 27	**12** 3	**13** $3\frac{1}{2}$	**14** 0.09	**15** 6.1

B

1 0.43	**2** 13.6	**3** 0.25	**4** £2.40	**5** 0.45
6 $1\frac{1}{4}$	**7** 0.32	**8** 25	**9** 4.6	**10** 2.04
11 £5.50	**12** 54	**13** 1.15	**14** 72°	**15** £9.90

C

1 84	**2** 1.85	**3** 6.26	**4** 22.5°	**5** 0.481
6 $1\frac{3}{10}$	**7** 30	**8** 1.872	**9** £15	**10** 0.14
11 £2323	**12** 0.36	**13** 0.025	**14** 2.33	**15** 72

Page 124

A

1 832	**2** 937	**3** 1556	**4** 2581	**5** 2446
6 251	**7** 118	**8** 91	**9** 128	**10** 287
11 55.0	**12** 10.61	**13** 154.0	**14** 18.35	**15** 145.03
16 4.69	**17** 0.71	**18** 38.9	**19** 0.52	**20** 5.55

B

1 6233	**2** 5227	**3** 7352	**4** 8435	**5** 8473
6 1779	**7** 2637	**8** 1741	**9** 387	**10** 3575
11 90.7	**12** 8.625	**13** 70.33	**14** 76.725	**15** 18.229
16 17.79	**17** 26.45	**18** 4.598	**19** 35.82	**20** 3.87

C

1 5443	**2** 20 235	**3** 38 881	**4** 12 724	**5** 13 633
6 1837	**7** 779	**8** 9777	**9** 6769	**10** 16 765
11 57.444	**12** 51.8	**13** 907.26	**14** 31.8	**15** 64.482
16 6.505	**17** 345.339	**18** 7.644	**19** 59.91	**20** 6.543

Page 125

A

1 1945   **2** 4781   **3** 1127   **4** 1904

B

1 2904	**2** 2304	**3** 6822	**4** 3136	**5** 2850
6 1883	**7** 570	**8** 1248	**9** 3071	**10** 1943
11 2478	**12** 2516	**13** 2608	**14** 9525	**15** 4644
16 18 447	**17** 9716	**18** 14048		

C

1 16 578	**2** 15 516	**3** 24 561	**4** 13 448	**5** 18 725
6 14 487	**7** 26 908	**8** 130 095	**9** 39 476	**10** 108 288
11 65 184	**12** 67 056	**13** 58 328	**14** £117 150	

Page 126

A

1 43	**2** 24 r 3	**3** 83 r 2	**4** 26 r 1	**5** 42 r 5
6 38 r 2	**7** 25 r 6	**8** 61 r 4	**9** 45 r 3	**10** 48 r 1
11 54 r 3	**12** 26	**13** 54 r 5	**14** 95	**15** 28 r 5
16 83				

B

1 15 r 7	**2** 21 r 9	**3** 25 r 2	**4** 16 r 14	**5** 24 r 12
6 22 r 5	**7** 45 r 1	**8** 17 r 28	**9** 12 r 22	**10** 22 r 2
11 35 r 11	**12** 16 r 26	**13** 26 r 9	**14** 21 r 11	**15** 24 r 6
16 30 r 9	**17** 14	**18** 18		

C

1 21 r 7	**2** 37 r 12	**3** 56	**4** 41 r 16	**5** 34 r 7
6 51 r 14	**7** 22 r 2	**8** 41	**9** 33 r 2	**10** 26 r 20
11 26 r 20	**12** 56 r 2	**13** 47	**14** 36kg	**15** £378
16 23				

Page 127

A

1 $\frac{2}{3}, \frac{4}{6}$ **2** $\frac{2}{8}, \frac{4}{16}$ **3** $\frac{7}{10}, \frac{70}{100}$ **4** $\frac{1}{2}, \frac{6}{12}$ **5** $\frac{2}{5}, \frac{4}{10}$ **6** $\frac{1}{4}, \frac{5}{20}$

B

1 $\frac{4}{12}, \frac{5}{15}, \frac{6}{18}, \frac{7}{21}, \frac{8}{24}$ **2** $\frac{12}{16}, \frac{15}{20}, \frac{18}{24}, \frac{21}{28}, \frac{24}{32}$ **3** $\frac{28}{40}, \frac{35}{50}, \frac{42}{60}, \frac{49}{70}, \frac{56}{80}$

Answers

4 $\frac{20}{24}, \frac{25}{30}, \frac{30}{36}, \frac{35}{42}, \frac{40}{48}$ **5** $\frac{44}{60}, \frac{55}{75}, \frac{66}{90}, \frac{77}{105}, \frac{88}{120}$ **6** $\frac{4}{24}$ **7** $\frac{9}{24}$
8 $\frac{25}{35}$ **9** $\frac{12}{18}$ **10** $\frac{35}{40}$ **11** $\frac{21}{28}$ **12** $\frac{10}{25}$ **13** $\frac{16}{36}$
14 $\frac{35}{100}$ **15** $\frac{6}{21}$ **16** $\frac{2}{3}$ **17** $\frac{3}{7}$ **18** $\frac{13}{25}$ **19** $\frac{3}{5}$
20 $\frac{2}{3}$ **21** $\frac{11}{12}$ **22** $\frac{3}{5}$ **23** $\frac{7}{8}$ **24** $\frac{9}{20}$ **25** $\frac{3}{8}$

C

1 grape **2** Lenny **3** Sweden **4** Linda

Page 128

A

1 (a) $\frac{4}{8}, \frac{7}{14}, \frac{15}{30}$ (b) $\frac{2}{5}, \frac{3}{7}, \frac{5}{11}$ (c) $\frac{2}{3}, \frac{5}{9}, \frac{7}{12}, \frac{9}{16}$

2 1.9 1.95 1.97 2 2.03 2.05 2.07 2.1

3 < **4** = **5** > **6** = **7** > **8** =
9 = **10** =

B

1 $\frac{7}{12}, \frac{2}{3}, \frac{3}{4}$ **2** $\frac{4}{15}, \frac{1}{3}, \frac{2}{5}$ **3** $\frac{7}{10}, \frac{3}{4}, \frac{4}{5}$ **4** $\frac{1}{6}, \frac{3}{12}, \frac{1}{3}$
5 3.58, 3.85, 5.38, 5.8 **6** 2.4, 2.49, 2.9, 2.94
7 6.33, 6.337, 6.37, 6.7 **8** 5.02, 5.2, 5.202, 5.22
9 0.6 0.61 0.625 0.645 0.66 0.675 0.69 0.7

10 <, > **11** =, > **12** <, < **13** <, > **14** <, = **15** <, =
16 >, > **17** <, >

C

1 2.35 **2** 0.465 **3** 1.005 **4** 27.65 **5** $\frac{5}{12}$
6 $\frac{13}{20}$ **7** $\frac{11}{24}$ **8** $\frac{13}{16}$ **9** $4\frac{13}{20}$ **10** $2\frac{7}{24}$
11 $1\frac{27}{40}$ **12** $2\frac{7}{24}$ **13** >, < **14** <, > **15** >, <
16 >, < **17** >, > **18** <, > **19** >, < **20** >, >

Page 129

A

1 504 **2** 131 **3** 96 **4** 24 **5** 15

B

1 1.25 km **2** 199 m **3** £343.20 **4** 62 **5** 292

C

1 2183 cm² **2** 93 310 **3** £3854.40 **4** 3.45 g **5** 156

Page 130

A

1 (a) 10 (b) 14 **2** 8 **3** 24 **4** 800 ml
5 16 **6** 24 km

B

1 150 **2** 32 **3** 1.25 litres **4** £2.80
5 2.4 kg brown, 1.6 kg white **6** 6 cm

C

1 (a) 18 (b) 15 (c) 12 **2** 146 **3** 200
4 250 g **5** 105 **6** 5 km

Page 131

1 12 360 **2** 41 **3** 24 000 **4** 159 700 **5** 528 000
6 66 000 **7** 1875 **8** 0.3 **9** 437 **10** 12 500
11 85 **12** 4630 **13** 140 **14** 870 **15** 7250
16 1500 **17** 8600 **18** 27 000 **19** 17 600 **20** 64 300
21 16 000 **22** 128 000 **23** 9000 **24** 60 000 **25** 23
26 8 **27** 36 **28** 9 **29** 60, 85 **30** 0.5, 0.8
31 17.5, 10 **32** 58, 68 **33** −15, −4 **34** 0.2, 1

35

OLD	CHANGE	NEW
4°C	−19°C	−15°C
−7°C	+15°C	8°C
−2°C	+8°C	6°C
11°C	−14°C	−3°C
−1°C	−8°C	−9°C
5°C	−16°C	−11°C
−5°C	+9°C	4°C
−18°C	+13°C	−5°C
−13°C	+16°C	3°C
29°C	−17°C	12°C

36 1.3, 1.0, 0.7, 0.4 **37** −4, 0, 4, 8 **38** 35, 24, 13, 2
39 0.1, 0.12, 0.14, 0.16 **40** −2, 1, 4, 7 **41** 110, 160, 220, 290
42 0.87, 1.0, 1.13, 1.26 **43** 36, 25, 16, 9 **48** 11 **49** 17
50 23 **51** 37 **52** 47 **53** 59
54 83 **55** 97 **56** $3 \times 3 \times 3$ **57** $2 \times 3 \times 11$
58 $3 \times 3 \times 5$ **59** $2 \times 2 \times 19$ **60** $2 \times 3 \times 3 \times 5$ **61** $2 \times 2 \times 3 \times 7$
62 89 **63** 32 **64** 136 **65** 900
66 121 **67** 625

Page 132

1 $\frac{15}{20}$ **2** $\frac{12}{30}$ **3** $\frac{14}{18}$ **4** $\frac{21}{70}$ **5** $\frac{15}{18}$ **6** $\frac{35}{40}$
7 $\frac{3}{5}$ **8** $\frac{4}{5}$ **9** $\frac{11}{24}$ **10** $\frac{3}{7}$ **11** $\frac{1}{2}, \frac{9}{16}, \frac{5}{8}, \frac{3}{4}$
12 $\frac{1}{3}, \frac{5}{12}, \frac{1}{2}, \frac{5}{9}$ **13** $2\frac{4}{5}$ **14** $3\frac{3}{8}$ **15** $5\frac{7}{10}$ **16** $4\frac{2}{3}$
17 $3\frac{19}{100}$ **18** $6\frac{6}{9}$ **19** $\frac{89}{10}$ **20** $\frac{23}{6}$ **21** $\frac{73}{11}$ **22** $\frac{67}{25}$
23 $\frac{2}{5}$ **24** $\frac{1}{4}$ **25** 4.32 **26** 1.723 **27** 0.086 **28** 2.09
29 $5\frac{35}{100}$ **30** $23\frac{4}{100}$ **31** $6\frac{127}{1000}$ **32** $2\frac{8}{1000}$ **33** $\frac{2}{10}$ **34** $\frac{1}{1000}$
35 7 **36** $\frac{3}{100}$ **37** $\frac{9}{1000}$ **38** $\frac{6}{10}$ **39** $\frac{5}{1000}$ **40** $\frac{4}{100}$

41 1.0 1.025 1.05 1.065 1.08 1.1

42 0.625, 0.65, 0.665, 0.69 **43** 4 **44** 4 **45** 30
46 107 **47** 4.6 **48** 29.4 **49** 3.5 **50** 37.8
51 0.708, 0.78, 7.08, 7.58

52

Fraction	Decimal	%
$\frac{1}{10}$	0.1	10%
$\frac{37}{100}$	0.37	37%
$\frac{3}{4}$	0.75	75%
$\frac{72}{100}$	0.72	72%
$\frac{3}{10}$	0.3	30%
$\frac{9}{100}$	0.09	9%
$\frac{1}{2}$	0.5	50%
$\frac{23}{100}$	0.23	23%
$\frac{7}{100}$	0.07	7%

53 15 **54** 48 **55** 69 cm **56** 37.5 cm **57** 5.8
58 72 **59** £2.80 **60** 31 p **61** 15 **62** 2400